DAS GRUPPENHOROSKOP

Schlüssel zur Kollektiv-Astrologie

Christof Niederwieser

DAS GRUPPENHOROSKOP

Schlüssel zur Kollektiv-Astrologie

Erstausgabe 2017

Das Gruppenhoroskop
Schlüssel zur Kollektiv-Astrologie

Erstausgabe
ISBN 978-3-9464-9530-7

© 2017 Dr. Christof Niederwieser
Zukunftsverlag, Rottweil

Das Werk, einschließlich seiner Teile, ist urheberrechtlich geschützt.
Jede Verwertung ist ohne Zustimmung des Autors unzulässig.
Dies gilt insbesondere für die elektronische oder sonstige Vervielfältigung,
Übersetzung, Verbreitung und öffentliche Zugänglichmachung.

Die Deutsche Nationalbibliothek verzeichnet diese Publikation
in der Deutschen Nationalbibliografie

Druck: BoD – Books on Demand, Norderstedt

www.zukunftsverlag.de

INHALT

Vorwort

Chronologie des Gruppenhoroskops 11
Herzliches Dankeschön! 13

Gruppenastrologie

Kollektiv und Individuum 20
Die älteste Systemtheorie der Welt 22
Die Elemente des astrologischen Systems 24
Zyklenkomplexität 26
Bisherige Gruppen-Ansätze der Astrologie 28
Multi-Composit & Multi-Combin 30
Multi-Synastrie 30

Das Gruppenhoroskop

Die Farbsystematik von Gruppenhoroskopen 32
Die Ebene der Generationenprägung 35
Das Zeichnen von Gruppenhoroskopen 37
Anwendungsbereiche des Gruppenhoroskops 38
Deutungssystem für Gruppenhoroskope 39
Tipps für den Start 42

Die Kollektivanalyse

Cluster und Lücken 44
Kooperation & Konkurrenz 44
Der astrologische Charakter 45
Willensfreiheit & Kultivierungsgrad 45
enge & lose Cluster 46
Ankergrade 46
Lücken 46

Fundamentaltypen 52

Polaritäten 52
Elemente 54
Quadranten 56
Impulse 60
Die Mangeltypen 62
Der Ausgewogene Typ 62
Das Gewichtungsverfahren 66

Die Rollenverteilung

Sonnenstands-Analyse 73
Die Planetenfelder 76

Persönlichkeit 76
Triebe 78
Gesellschaft 79

Die Generationenprägung 84
Die Zeichenbesetzung 90

Das klassische System der Würden 91
Außenseiter und Experten 95

Gruppendynamik & Beziehungsmuster

Ankergrade 96
Ankeraspekte 97
Beziehungsgeflechte 100

Das Fokus-Gruppenhoroskop

Cluster und Lücken im Häuserkreis 104
Faktorenbesetzungen und Beziehungen 106
Leitsystem im Fokus 110

Weitere Varianten des Gruppenhoroskops

Die Gruppen-Gradliste 116
Die 30-Grad-Linie 118
Gruppenhoroskop mit Planetoiden 118
Das Gruppenhoroskop im 90-Grad-Kreis 121
Das Häuser-Gruppenhoroskop 123
Hilfshoroskope in der Gruppenvariante 124
Prognostik mit dem Gruppenhoroskop 125
Transite im Gruppenhoroskop 125
Das Progressive Gruppenhoroskop 126
Das Prognoskop 127
Das Planetar-Prognoskop 128
Das Planetenbogen-Prognoskop 128
Das Rhythmen-Prognoskop 130
Reduktion als Schlüssel zur Klarheit 130
Das Gruppenhoroskop in der Aufstellung 131
Aufstellen der Planetenfelder 132
Aufstellen der Ankeraspekte 132

Praxisbeispiele

Zwei bekannte Rock-Bands 134
Die mächtigen Weltpolitiker 2016 147
Die Moderatoren von „Wetten, dass..?" 154
Drei Fernsehsender 160

Anhang

Quellen 168
Literatur 170
Themenregister 173
Personen- und Firmenregister 178
Daten der Beispiele 180
Die Komponenten des astrologischen Systems 183
Vorlage Gruppenhoroskop-Grafik 185

Praxisboxen & Horoskope im Theorieteil

Praxis Cluster & Lücken: Forschungsabteilung ohne Innovation 47
Praxis Fundamentaltypen: Monty Python 69
Praxis Sonnenstands-Analyse: Die Star Trek Crew 74
Praxis Planetenfelder: Die Star Trek Crew 81
Praxis Generationenprägung: Die Star Trek Crew 88
Praxis Zeichenbesetzung: Die Star Trek Crew 94
Praxis Ankeraspekte: Die Familie von John Lennon 101
Praxis Fokus-Gruppenhoroskop: Die Royal Family 108
Praxis Fokus-Gruppenhoroskop mit Leitsystem: Die Höhle der Löwen 111
Gruppen-Gradliste und 30-Grad-Linie der Star Trek Crew 117
Das Gruppenhoroskop im 90-Grad-Kreis – Drei TV-Sender 122
Beispiel Prognoskop: Entdeckung der Röntgenstrahlung 129

Besonders komfortabel ist es, beim Lesen der Praxisbeispiele einen Ausdruck des jeweiligen Gruppenhoroskops neben dem Buch liegen zu haben. So kann man sich in den Text vertiefen ohne ständig auf die Seite mit der Grafik blättern zu müssen.

Auf Wunsch sende ich Ihnen gerne kostenlos ein PDF-Dossier mit allen Beispielsgrafiken des Buches per E-Mail zu. Schreiben Sie mir einfach eine kurze Nachricht an: info@astro-management.com

VORWORT

Lange Zeit habe ich von Astrologie als Paradevertreter des Esotainments gar nichts gehalten. Sich als gebildeter Mensch damit zu beschäftigen, schien mir vollkommen absurd. Das änderte sich in den 1990er Jahren beim Versuch, Systemtheorie und Konstruktivismus zu einer Art Lebensforschung zu vereinigen, zu einer Universaltheorie, welche nicht mit abstrakten Fachbegriffen, sondern mit lebendigen Symbolen und Urbildern arbeitet und welche in der Lage ist, die ewigen Kreisläufe des Daseins abzubilden. Ich entwickelte universelle Verhaltenszyklen und Gedankenkreisläufe, welche nicht auf Worten, sondern rein auf Emotionslauten basierten. Ich experimentierte mit Methoden des Bildrechnens, welche es erlaubten, Bilder, Symbole und Szenarien miteinander zu addieren, zu subtrahieren und zu multiplizieren. Ich entwarf eine Theorie der Archetypenkopulation, welche die vitalen Urimpulse hinter den Metamorphosen des Weltwaltens sichtbar machen sollte.
In dieser Zeit kam mir eines Tages eine Horoskopzeichnung in die Finger mit Tierkreis, Planeten, Aspekten und Häusern, ein komplexes Strukturgebilde, Lichtjahre entfernt von den banalen Zeitungshoroskopen und Gaukeltanten-Mehrwertnummern, die man allgemein mit Astrologie assoziiert. Ich war von dieser Darstellung sofort fasziniert, rein als Veranschaulichungsmodell, als Ansatz, um eine symbolische Universaltheorie zu entwickeln. Und erstaunt musste ich dann im Lauf der Monate feststellen, dass doch weit mehr dahinter steckt, dass kosmische Zyklen tatsächlich mit Vorgängen auf der Erde korrespondieren.

Es folgten viele Jahre des Forschens und Experimentierens, des Datensammelns und Auswertens, der langwierigen Studien und Versuchsreihen. Während meines Doktoratsstudiums 2001 – 2007 machte ich einige Jahre nichts anderes in einer kleinen, bescheidenen Hinterhofwohnung in Berlin Prenzlauer Berg, wo man damals noch für ein paarhundert Euro im Monat sein Leben bestreiten konnte. Natürlich habe ich mich in dieser Zeit auch durch den großen Fundus astrologischer Literatur gewühlt. Gerade bei der Hamburger Schule, der Münchner Rhythmenlehre und in der großen Schatzgrube der deutschsprachigen Astrologie der Zwischenkriegszeit habe ich viel gelernt. Doch all diese wertvollen Impulse wollen nicht gelesen, sondern erlebt werden. Das fruchtbarste Buch ist das Buch der Natur. Die Vielschichtigkeit einer Sonne-Jupiter-Konjunktion offenbart sich nicht durch die Kombination von einem Dutzend Lehrbuchbeschreibungen. Man ergründet sie am besten, indem man sich in zahllose Horoskope mit dieser Konstellation vertieft und sie systematisch vergleicht. So wächst die Astrologie als innerer Raum, in welchem Horoskope zum Leben erwachen.

Als ich nach dem Studium begann, im Management zu arbeiten, war ich mit ganz neuen Herausforderungen konfrontiert. Plötzlich war gar nicht mehr die Zeit da, sich bei wichtigen Situationen oder Personen stundenlang in Konstellationen zu vertiefen. In der Regel gab es gar keine Geburtszeit und meist nicht einmal ein Geburtsdatum. Es nützte auch wenig, vielschichtige innere Zusammenhänge zu erkennen. Vielmehr ging es stets um ganz konkrete Fragestellungen und Probleme, welche dringend gelöst werden mussten, meist unter Zeitdruck im Multitasking des Tagesgeschäfts. In dieser Zeit habe ich das AstroMANAGEMENT System der Horoskopdeutung entwickelt und zahlreiche innovative Tools der Wirtschaftsastrologie, ganz besonders für die Bereiche Strategie und Planung, Branding und Marketing, Personal und Kommunikation. Hier ging es vor allem um Effektivität und Eindeutigkeit, denn Astrologie sollte ja den Arbeitsalltag erleichtern und nicht zusätzlich erschweren mit Astrologenkrankheiten wie Transititis oder Morbus Elektion.
Eine besondere Herausforderung dabei war, dass man in Unternehmen und bei Projekten selten mit Einzelhoroskopen weiterkommt. Die typischen Problemfelder des Managements sind stets komplexe Gebilde, an denen zahlreiche Personen und Ereignisse beteiligt sind. Doch in der Astrologie gab es dafür keine angemessenen Methoden. So entwickelte ich das Gruppenhoroskop. Im Lauf der Jahre bildete sich aus der Praxis heraus ein eigenes Deutungssystem, mit welchem die verschiedenen Facetten der Gruppe ergründet werden können. Und es entstanden zahlreiche Spezialvarianten für spezifische Anwendungsbereiche und Problemstellungen.

Dabei ist das Gruppenhoroskop in erster Linie logische Konsequenz aus den allgemein etablierten Methoden der Astrologie. Man muss sich nicht auf ein in sich geschlossenes, hermetisch abgekapseltes System mit eigenwilligen Prämissen einlassen, wie das sonst bei vielen Schulen der Fall ist. Alles was man dafür akzeptieren muss sind die Tatsachen, dass Planeten in Tierkreiszeichen eine bestimmte Bedeutung haben und dass Aspekte wirken, also der kleinste gemeinsame Nenner, auf welchen sich die verschiedensten Richtungen der Astrologie einigen können. Man muss sich für kein Häusersystem entscheiden. Die Methode funktioniert sowohl im tropischen, als auch im siderischen Tierkreis. Beliebige astrologische Schulen oder Traditionen lassen sich um das Gruppenhoroskop erweitern.

Chronologie des Gruppenhoroskops

2014 ging ich schließlich mit meiner astrologischen Arbeit an die Öffentlichkeit. In meinem Berufsalltag hatte ich jahrelang erlebt, wie wertvoll Astrologie gerade in Unternehmen ist. Die meisten Menschen verbringen heute mehr Zeit in ihrer Arbeit als mit ihrer eigenen Familie. Job und Privates verschmelzen zunehmend. Umso wichtiger ist es, beides miteinander in Einklang zu bringen, damit man mit Freude bei der Sache ist und seine Talente voll verwirklichen kann. Astrologie kann hier einen wichtigen Beitrag leisten und Perspektiven eröffnen, die mit den konventionellen Werkzeugkoffern der Betriebswirtschaftslehre niemals erreichbar sind.
In meiner astrologischen Unternehmensberatung gab es dabei kaum ein Projekt, bei dem ich nicht das Gruppenhoroskop herangezogen hätte. Nicht nur für Organisationsentwicklung und Analysen von Abteilungen und Teams ist es von unschätzbarem Wert. Auch in Bereichen wie Strategie oder Markenentwicklung öffnet es den Blick für übergeordnete Zusammenhänge.
Da es immer wieder vorkam, dass Auftraggeber ein wenig Ahnung von Astrologie hatten, sorgten die bunten Grafiken der Gruppenhoroskope und die daraus gelesenen präzisen Schlussfolgerungen regelmäßig für Verblüffung.

Irgendwann war eine stattliche Anzahl solcher Grafiken im Umlauf. So entschloss ich mich Anfang 2016, die Methode zu veröffentlichen.

Die Premiere des Gruppenhoroskops fand am 02. Februar 2016 statt im Rahmen meines Vortrags „Astrologie im Management" bei der Astrologischen Arbeitsgemeinschaft Stuttgart. Neben dem Vorstand und zahlreichen Mitgliedern war auch Klemens Ludwig, der Präsident des Deutschen Astrologenverbandes DAV, anwesend. Erste große Verbreitung fand das Gruppenhoroskop durch meinen gleichnamigen Artikel in ASTROLOGIE HEUTE (Nr. 180, April/Mai 2016). Die Resonanz war überwältigend, sodass das Gruppenhoroskop bereits einen Monat später in der populären Profi-Software ASTROPLUS als eigene Funktion zur Verfügung stand. Weitere Online-Artikel, sowie Seminare und Vorträge zum Thema folgten, unter anderem bei den Astrologischen Gesellschaften in Zürich und Frankfurt, im Rahmen der Jubiläumsfeier „30 Jahre Astrologie Heute", an der SFER in Zürich, bei der Sektion Mundanastrologie des Deutschen Astrologenverbandes DAV und am Astrologie Zentrum Berlin. Am AstroMANAGEMENT Zentrum Trossingen wird das Gruppenhoroskop seit 2016 gelehrt im Rahmen des Studiengangs Wirtschaftsastrologie und eines eigenen Online-Seminars, welches einmal pro Semester stattfindet.
Nun, im Mai 2017, liegt endlich auch das Buch vor, in dem ich nicht nur die Methodik und verschiedene Anwendungsmöglichkeiten vorstelle, sondern auch ausführlich das Gruppenhoroskop-Deutungssystem präsentiere, mit dem man Schritt für Schritt durch Gruppen navigieren und stets den Überblick in der Informationsflut behalten kann. Dabei habe ich auf ein ausgewogenes Verhältnis zwischen theoretischen Ausführungen und Praxisbeispielen geachtet. Im letzten Abschnitt des Buches gibt es zudem eine Reihe von Seminar- und Vortragsprotokollen im Originalton. Diese vermitteln einen sehr lebendigen Eindruck von der praktischen Arbeit mit dem Gruppenhoroskop und zeigen, wie einfach diese Technik funktioniert, wenn man schon ein paar astrologische Vorkenntnisse hat und sich auf diesen neuen Blickwinkel einlässt. Denn die meisten Teilnehmer*innen lernten die Methode erst bei den Veranstaltungen kennen und konnten sofort mitdeuten.

Herzliches Dankeschön!

Seit ich vor drei Jahren meine astrologische Unternehmensberatung gegründet habe und regelmäßig Einblicke in meine Arbeit als Astrologe gebe, hat sich unglaublich viel getan. Ich bin von der enormen Unterstützung durch zahlreiche fantastische Menschen überwältigt und möchte an dieser Stelle allen ganz herzlich dafür danken, insbesondere:

Den wichtigen Zeitschriften, Verlagen, Medien und Anbietern essentieller astrologischer Arbeitsmittel, welche mit viel Engagement die Infrastruktur für eine anspruchsvolle Astrologie pflegen und erweitern:

Claude Weiss, Alexandra Klinghammer, Armando Bertozzi und dem gesamten Team von ASTROLOGIE HEUTE und ASTRODATA für Eure großartige Unterstützung, die Möglichkeit, meine astrologischen Findungen einem breiten Publikum zu präsentieren und für Eure vielen inspirierenden Veröffentlichungen, welche meinen astrologischen Weg stets bereichert haben.

Alois Treindl, Dieter Koch und Juri Stork vom ASTRODIENST ZÜRICH für die enorme Fülle an erstklassigen Astrologie-Tools, welche Ihr der astrologischen Gemeinschaft seit vielen Jahren zur Verfügung stellt und ohne welche meine Forschungsarbeiten niemals möglich wären, insbesondere für die Fortführung der ASTRODATABANK und die unglaubliche Fülle an exakten Planetoiden-Ephemeriden.

Lois Rodden und Mark McDonough für den Aufbau der ASTRODATABANK, welche mir seit 2002 astrologische Forschung auf zuvor undenkbarem Niveau ermöglicht, für den intensiven Austausch in den ersten Jahren und selbstverständlich an alle Datensammler*innen, welche an diesem Projekt beteiligt waren und sind.

Wolfgang Peterat von ASTROCONTACT für Deine geniale Software ASTROPLUS, welche meine Arbeit täglich begleitet, und für die vielen Sonderwünsche, die Du mir darin seit 2003 erfüllt hast. Ein ganz besonderes Dankeschön für die fantastische Umsetzung des Gruppenhoroskop-Moduls, durch welche die Methode nun komfortabel einem großen Astrologenkreis zur Verfügung steht.

Peter Fraiss und der SARASTRO Software, welche mir ebenfalls seit vielen Jahren den Astrologenalltag sehr erleichtert und für die Motivation, dieses Buch endlich zu schreiben.

Reinhardt Stiehle vom CHIRON VERLAG für zahlreiche inspirierende Publikationen, Deinen unermüdlichen Einsatz für astrologische Literatur und Deine vielen wertvollen Tipps über den Büchermarkt....und natürlich für die Reise durch Deine gigantische Schallplattensammlung.

Holger Faß und Martin Garms vom MERIDIAN für die frischen astrologischen Impulse und für die Erstveröffentlichung des Fokus-Gruppenhoroskops, welche zeigt, dass die Methode auch im reduzierten Farbraum funktioniert. Holger zudem für den Austausch mit mir als „Frederick Sturm" 2003 und dass Du mir Dein Exemplar meines vergriffenen Buchs „Über die magischen Praktiken des Managements" vermacht hast.

Den Astrologenverbänden für Eure wichtige Öffentlichkeitsarbeit im Zeichen der seriösen Astrologie und für Eure Einladungen zu Vorträgen und Fachbeiträgen:

Klemens Ludwig, Rafael Gil Brand und Birgit Lummer vom Deutschen Astrologenverband DAV.

dem gesamten Vorstand des Schweizer Astrologenbundes SAB, insbesondere Monica Kissling, Dr. Harry Tobler und Ruth Tschümperlin .

Maria-Luise Mathis (Ruhe in Frieden), Susanne Cerncic und Ingeborg Schiessler vom Österreichischen Astrologenverband oeav.

Brigitte Strobele, Wolfgang Tomsits und Siegfried Hackl von der ehrwürdigen Österreichischen Astrologischen Gesellschaft ÖAG.

Rolf Baltensperger, der Vereinigung Deutschsprachiger Astrologieorganisationen VDA und dem Schweizer Astroforum SAF.

Brian Clark und der Federation of Australian Astrologers FAA für die Einladung als Referent zur International Astrology Conference 2018 in Melbourne.

Richard Smoot und der ISAR (International Society for Astrological Research) für die Veröffentlichung meines ersten Artikels im englischen Sprachraum.

Den engagierten Astrologievereinen und Veranstaltern, welche vor Ort die Szene vitalisieren und bei welchen ich in den vergangenen Jahren Vorträge halten und lebendige Diskussionen erleben durfte, insbesondere (in chronologischer Reihung):

Dieter und Angelika Gollong, Eva-Maria Hill und allen Mitgliedern der Astrologischen Arbeitsgemeinschaft Stuttgart für die Einladung zu meinem ersten Astrologievortrag „Astrologie & Revolution 1789 – 2050“, mit dem im Februar 2015 meine Referententätigkeit begann.

Anne Schneider, Gerhard Lukert und der Arbeitsgruppe Mundanastrologie in Münchingen für diese einzigartige Plattform progressiver Astrologie.

Claudia Sanitvongs, Tilmann Gebhardt, Dr. Peter Schlapp und der Astrologischen Gesellschaft Frankfurt.

Annarita Müller, Silvia Benz und dem Astroclub Zürich für das spritzige und vielfältige Programm.

Beatrice Ganz, Wilfried Schütz und der Astrologischen Gesellschaft Zürich für das profunde Angebot, Euer großes Engagement und die liebevolle Betreuung.

Verena Bachmann und Agnes Wiederkehr von der SFER in Zürich für die Möglichkeit, mit Euren ausgezeichnet ausgebildeten Student*innen Seminare zu gestalten.

Markus Jehle und dem Astrozentrum Berlin, auch für Deine Unterstützung in Deiner Zeit als Chefredakteur des MERIDIANs.

Und ganz besonders Erwin und Anita Schickinger vom LEBENSRAUM für die Organisation meiner ersten Vortragstour durch Österreich, welche für mich ein unvergessliches Erlebnis war!

Vielen geschätzten Astrologenkolleg*innen für den anregenden Austausch, die wertvollen Impulse, die wechselseitige Befruchtung und Euren unermüdlichen Einsatz für eine seriöse und lebendige Astrologie, ganz besonders auch all jenen, die viel Zeit mit astrologischer Forschung verbringen und dadurch unsere Disziplin voranbringen:

Werner Held für Deine bahnbrechenden Forschungen über Mundanzyklen und Kleinplaneten und dafür, dass Du die Fackel der Planetoidenforschung in Berlin Prenzlauer Berg weiterträgst.

Friedel Roggenbuck für Deine tiefgründigen Geschichtsforschungen, Deine epochemachenden Artikelserien über astrologische Generationen und astronomisch-astrologische Zusammenhänge und Dein Astrodrama, mit dem die Archetypen zum Leben erwachen.

Lutz Rathke für Jahrzehnte intensiver Forschung und Deine inspirierend-progressiven Astrologieausführungen auf höchstem Niveau.

Frank Felber für Dein unermüdliches Schaffen und Deine kompromisslos-eigenwilligen Deutungsansätze, welche den Horizont der Astrologie erweitern.

Andreas Bleeck für Deine Grundlagenarbeit im Bereich der astrologischen Soziologie.

Karen Hamaker-Zondag für Jahrzehnte Pionierarbeit in den verschiedensten Bereichen der Astrologie, insbesondere der Mundanforschung und für Deine vielen astrologischen Synthesen, welche scheinbar unterschiedliche Methoden und Ansätze miteinander in Windeseile vernetzen.

Christoph Schubert-Weller für Dein Lebenswerk, welches der modernen Astrologie zum soliden Fundament wurde.

Georg Stockhorst für unseren unvergesslichen astrologisch-geographischen Streifzug durch Berlin.

Gerhard Höberth und Ilona Picha-Höberth für Astro-Philosophie und Astro-Phantastik.

Rolf Liefeld für Deine wichtigen Forschungen zu den Kleinplaneten und für Dein großes Engagement bei ASTROWIKI und ASTRODATABANK.

Thorsten Krawinkel für Deine assoziationsreiche und originelle Neueinkleidung der klassischen Astrologie.

Christian König für die Verbreitung der Fixstern-Astrologie im deutschen Sprachraum und die Wiederannäherung der Astrologie an die Astronomie.

Roland Meier für Deinen unermüdlichen Einsatz für die Vehlow-Häuser und für Max Prantl, den bislang einzig bekannten Astrologen aus meiner Heimatstadt Innsbruck.

Allen weiteren Kolleg*innen mit denen ich in den vergangenen Jahren anregenden Austausch hatte.

Und nicht zuletzt den Weggefährten und Lehrern meiner astrologischen Anfangstage: Helmut Soukopf, Ubbo Enninga, Takita und dem wahnsinnigen Bruno.

Meinem Trossinger Umfeld, welches mich bei der Metamorphose vom seriösen Top-Manager eines bekannten Unternehmens zum dubiosen Astrologen tatkräftig unterstützt hat:

All meinen Büronachbar*innen im Werk 8, ganz besonders Gabi Bisceglia für den Impuls und die Möglichkeit, Gruppenhoroskope großformatig zu drucken und damit vollends in die Erlebniswelten von Gruppen eintauchen zu können; Axel Pasedag für Deine Unterstützung bei der Eventtechnik, das viele gute Essen und die vielen unterhaltsamen Stunden; Gerhard Schmidt für Deine große Hilfe in Immobilienfragen, Joachim Ebinger für die guten Gartentipps und dem Hausherrn Matthias Sacher von der Trossinger Wirtschaftsförderung.

Allen Kolleg*innen, Musiker*innen und Geschäftspartner*innen von HOHNER Musikinstrumente für die vielen erfolgreichen gemeinsamen Projekte, die langjährigen Freundschaften und die zahlreichen Erkenntnisse im Zeichen der Wirtschaftsastrologie; ein ganz besonderes Dankeschön an die Geschäftsführer Klaus Stetter, Manfred Stöhr und Stefan Althoff für die großen gestalterischen Freiräume und die Unterstützung bei meinen Projekten!

Meiner Familie und meinen engen Freunden, die mich seit Jahrzehnten begleiten und unterstützen:

Dr. Johannes Lugger für Jahrzehnte der Freundschaft und viele bereichernde Diskussionen und parareale Wortspiele.

Dr. Renaud Tschirner für unsere vielen gemeinsamen musikalischen Experimente und Deine Hilfe beim Übersetzen meiner Artikel und selbstkreierten astrologischen Fachbegriffe ins Englische.

Bernd Grünwald für die fruchtvollen Jahre gemeinsamer Online-Aktivitäten und Deine große Hilfe bei meinen Websites.

Meinen Eltern, Großeltern und Schwiegereltern für Eure großartige Unterstützung über all die Jahrzehnte, insbesondere meinem Vater DDr. Erwin Niederwieser für die wertvolle Beratung und die unermüdlichen Stunden des Lektorats.

...und vor allem Katja und meinen Kindern Vinzent und Annabell.

Abschließend möchte ich ein ganz spezielles Dankeschön widmen all meinen Klient*innen, allen Student*innen des Studiengangs Wirtschaftsastrologie und allen Menschen, die meine Seminare und Vorträge besuchen und meine Bücher und Artikel lesen. Dank Euch kann ich meine Zeit der Erforschung und Veröffentlichung neuer astrologischer Erkenntnisse widmen!

Christof Niederwieser, April 2017

GRUPPENASTROLOGIE

Seit Urzeiten blickt der Mensch in den Himmel. Wenn das tägliche Treiben langsam in der Abenddämmerung zur Ruhe kommt, die Sonne am Horizont verschwindet, dann erscheint am Firmament die ewige Ordnung der Gestirne. Während der Alltag voller Unwegsamkeiten ist, voller Überraschungen, Gefahren und Unbekannten, bietet der Nachthimmel Stabilität und Orientierung. Scheinbar unveränderlich sind die Sterne am Himmel arrangiert und vermitteln das Bild einer ewigen kosmischen Ordnung. Sie bieten dem Menschen unverrückbare Ankerpunkte in den Wogen von Raum und Zeit.

Die ersten Mondkalender der Jäger und Sammler, die ersten Sonnenkalender der neolithischen Bauern, die monumentalen Kalenderbauten der frühen Hochkulturen, sie alle basieren auf astronomischen Abläufen. Sie geben dem Menschen Orientierung über Zeitpunkte und Zeiträume: Wann ist die richtige Zeit für die Aussaat und für die Ernte? Wann werden die Tage wieder länger? Wann kommt die Ebbe, wann die Flut? Existentielle Fragen wie diese können mit den Kalendern beantwortet werden. Und wenn schon der Lauf von Sonne und Mond so offensichtlich Auskunft geben kann über derart wichtige Fragen, warum dann nicht auch der Lauf der anderen Wandelsterne, der Planeten am Nachthimmel? So entstand spätestens im Laufe des 3. Jahrtausends v. Chr. in Mesopotamien die Astrologie.[1]

Kollektiv und Individuum

Astrologie war lange Zeit ausschließlich Kollektiv-Astrologie. Sie sollte das Schicksal ganzer Völker offenbaren. Die ersten schriftlichen Aufzeichnungen von astrologischen Deutungsregeln handeln von Naturkatastrophen, Hungersnöten, Kriegen und Revolten, aber auch von guten Ernten und Zeiten des Friedens. Das Individuum war nicht von Belang. Selbst das Schicksal von Königen und Herrschern war nur insofern relevant, als dass dieses symbolisch für das Schicksal des Reiches stand. Erst Ende des 5. Jahrhunderts v. Chr. begann man, Horoskope auch für Einzelpersonen zu berechnen.[2]

Heute verhält es sich umgekehrt. Die moderne Astrologie fokussiert sich auf das Individuum und seine persönlichen Themen: Liebe, Gesundheit, Beruf. Die Mundanastrologie hingegen, die Astrologie der weltweiten sozialen und wirtschaftlichen Entwicklungen, fristet ein Nischendasein. Dabei können auch die persönlichen, individuellen Probleme selten ohne das soziale Umfeld erklärt oder gar gelöst werden. In der modernen Psychologie hat sich diese Erkenntnis mittlerweile allgemein durchgesetzt. So wird in der systemischen Therapie die psychische Störung immer im sozialen Kontext betrachtet. Auch wichtige Kontakte des Patienten, in der Regel aus seiner Familie, werden in die Therapie mit einbezogen.
In der Astrologie hingegen steht nach wie vor das Geburtshoroskop des Klienten im Mittelpunkt. Ein großer Teil der astrologischen Beratungen dreht sich also um die subjektive Wahrnehmungsbrille des Klienten, oft in einem selbstbestätigenden Prozess mündend. Manchmal wird auch das Horoskop des Partners mit einbezogen und die Zweierbeziehung analysiert. Ein großer Teil unseres Lebens ist aber nicht auf unsere Person und unsere Zweierbeziehungen reduzierbar. Vielmehr sind wir in mannigfaltige Beziehungsnetzwerke eingebunden. Wir sind geprägt von Familie, Freunden, den Kollegen am Arbeitsplatz, der Nachbarschaft, den Vereinen und vielen mehr. Und diese Gruppen sind stets mehr als die Summe ihrer Individuen und Zweierbeziehungen. Die Tobsuchtsanfälle des kleinen Liam haben nicht nur mit seinem Mond-Mars-Quadrat zu tun, sondern vor allem mit dem angespannten Verhältnis zwischen seinen Eltern. Am Leistungseinbruch und dem hohen Krankenstand von Herrn Müller an seinem Arbeitsplatz sind nicht die harten Neptun-Transite Schuld, sondern die Restrukturierung seiner Abteilung, durch welche er seine Begabungen nicht mehr einbringen kann.
Um diese Probleme nachhaltig zu lösen, reicht es nicht, lediglich das Horoskop des Problemträgers zu analysieren, ihm seine subjektive Wahrnehmung der Welt zu spiegeln. Vielmehr sollte auch der systemische Kontext betrachtet werden. Wie sind die Konstellationen des kleinen Liam an die

Horoskope der anderen Familienmitglieder gekoppelt? Wie war die Abteilung von Herrn Müller vor der Restrukturierung an sein Horoskop angebunden? Und was hat sich dann im Team verändert, dass er vom fleißigen Zugpferd zum lahmenden Gaul wurde? Für solche Fragen fehlten der Astrologie bislang die passenden Werkzeuge. Dabei wäre Astrologie für diese Aufgabe geradezu prädestiniert. Denn sie ist die wohl älteste Systemtheorie der Welt.

Die älteste Systemtheorie der Welt

Das Horoskop offenbart die Gestalt der Zeit. Wie die griechische Bedeutung des Wortes schon sagt, kann man mit dem Horoskop in die Stunde („horos") hineinzuschauen („skopein"). In jedem Zeitpunkt ist das Potential seiner Entfaltung bereits enthalten, wie das Samenkorn bereits die Gestalt des fertigen Baums in sich trägt. Wann immer etwas zum ersten Mal in die Welt kommt, zeigen die astrologischen Konstellationen das Wesen und die Entwicklungsmöglichkeiten des Systems. Das Horoskop ist universell. Es kann nicht nur auf die Geburt eines Menschen erstellt werden, sondern auf sämtliche Erscheinungsformen des Weltwaltens: Ereignisse, Einfälle und Ideen, Gründungen von Staaten oder Organisationen, Produkte und Patente, Filmpremieren, Erstbesichtigungen von Wohnungen, Bewerbungsgespräche und vieles mehr.

An Schulen und Universitäten lernen wir eine Fülle unterschiedlichster Methoden und Herangehensweisen, um uns mit diesen Phänomenen auseinanderzusetzen. Nehmen wir zum Beispiel einen Flugzeugabsturz. Die technische Seite dieses Ereignisses wird mit Theorien aus Physik und Chemie erklärt. Im Falle eines Terroranschlags kommen psychologische, soziologische und vielleicht sogar religionswissenschaftliche Theorien hinzu. Mit dem wirtschaftlichen Schaden beschäftigen sich Sachgutachter, mit dem Einfluss des Flugzeugabsturzes auf die Aktienkurse die Börsenanalysten. Waren außergewöhnliche Wetterphänomene die Ursache, so kommen die Meteorologen ins Spiel. Gibt es Überlebende, so werden auch Ärzte zum Ereignis interviewt und so weiter. Der Flugzeugabsturz wird von all diesen Experten

aus hunderten Blickwinkeln unterschiedlichster Methoden und Theorien betrachtet. Dabei sind all diese Theorien in der Regel kaum miteinander kompatibel. Die technische Ursache wird aus einer vollkommen anderen Logikblase heraus betrachtet als die psychologischen Motive oder die wirtschaftlichen Konsequenzen des Ereignisses. Ein Tohuwabohu verschiedenster Paradigmensysteme macht sich über das Ereignis her, um es zu sezieren und im Bann der eigenen Wahrnehmungsbrille zu erklären. Doch jeder Experte bleibt in der Logikblase seiner Fachdisziplin verhaftet.
Die moderne Systemtheorie bemüht sich, hier eine Brücke zu bauen und ein übergeordnetes Denkgebäude zu schaffen, welches all diese verschiedenen Logikblasen miteinander verbindet. Dieser Versuch der Interdisziplinarität führt bislang aber vor allem zu einem Arsenal an blutleeren Worthülsen, welche zwar überall passen, aber selten von konkretem Nutzen für die tägliche Arbeit sind. Sie gleichen einer Fremdsprache, die niemand spricht oder die mit Begriffen wie „ganzheitlich" oder „nachhaltig" vornehmlich dekorative Zwecke erfüllt.

Ganz anders sieht es bei der Astrologie aus. Ihre Sprache hat sich über Jahrtausende direkt aus der Lebenswelt des Menschen herausentwickelt. Sie arbeitet mit Archetypen und Symbolen, welche über eine starke emotionale Aufladung verfügen. Ihre Bedeutung kann deshalb sehr intuitiv erfasst werden, weitgehend unabhängig von Bildung oder kultureller Prägung. Ihre Sprache ist universell, was sich auch darin zeigt, dass sie in unterschiedlichsten Kulturen und Epochen tief verankert ist. Natürlich passt auch die Astrologie ihre Erscheinungsform laufend an den Duktus des jeweiligen Zeitgeistes und an neue wissenschaftliche Erkenntnisse (z.B. neue Planeten) an. Dennoch wäre ein moderner Astrologe aus New York ohne weiteres in der Lage, sich mit einem indischen Astrologen des Mittelalters oder einem Renaissance-Astrologen aus Bologna inhaltlich auszutauschen. Standardwerke der Astrologie wie der Tetrabiblos von Ptolemäus (100 – 160) oder der Lehrkanon von Al Biruni (973 – 1048) oder William Lilly (1602 – 1681) haben zu weiten Teilen bis heute ihre Gültigkeit und Anwendbarkeit bewahrt. Es gibt auf der Welt kein anderes Denksystem, welches eine derart dauerhafte Konstante über viele Jahrhunderte und Kulturkreise hinweg bildet.[3]

Aber nicht nur Sprache und Inhalte der Astrologie sind universell, sondern auch ihr System. Das Horoskop kann nicht nur auf die unterschiedlichsten Phänomene der Erscheinungswelt angewendet werden. Es enthält auch gleichermaßen die Perspektiven der verschiedensten Disziplinen. Um auf das Beispiel des Flugzeugabsturzes zurückzukommen, zeigt das Horoskop nicht nur den Zeitpunkt, sondern auch die technischen, psychologischen, soziologischen, wirtschaftlichen und sonstigen Implikationen des Ereignisses. Die gesamte Morphologie des Absturzes ist im Horoskop enthalten. Dafür steht ein äußerst diffiziles Werkzeug zur Verfügung, welches weit über das hinausgeht, was der Volksmund als „zwölf Sternzeichen" bezeichnet. Das astrologische Modell ist eine komplexe archetypische Systemtheorie, welche eine nahezu unendliche Zahl an Kombinationsmöglichkeiten bietet.

Die Elemente des astrologischen Systems

Jedes System braucht als Basis einen Ankerpunkt. Das Koordinatensystem der Astrologie ist der Tierkreis, klar definiert über die vier astronomischen Fixpunkte der Tag- und Nachtgleichen im Frühjahr und im Herbst (0° Widder – 0° Waage) und den Sonnenwenden im Winter und im Sommer (0° Steinbock – 0° Krebs). Ein Koordinatensystem benötigt zudem ein gleichmäßiges Raster. Das sind die Tierkreiszeichen, welche von den Fixpunkten ausgehend 12 Segmente a 30 Grad bilden. Der Tierkreis darf nicht mit den namensgleichen Sternbildern verwechselt werden, wie dies eine seit Jahrzehnten beliebte Medienente macht, welche regelmäßig mit irrigen Schlagzeilen wie „Die Sternzeichen haben sich verschoben" oder „13. Sternzeichen entdeckt" hausieren geht.[4] Im Gegensatz zu den Sternbildern ist der Tierkreis astronomisch präzise definiert und immerwährend, insofern als Bezugssystem ideal geeignet.

Die zwölf Tierkreiszeichen sind verschiedene Phasen eines universellen Zyklus, welcher sich vom Neubeginn über Wachstum und Reife bis hin zu Abbau und Ende vollzieht. Dieser Zyklus findet sich in den Jahreszeiten oder den Mondphasen ebenso wie im Verlauf von Menschenleben, Kulturkreisen,

Unternehmensentwicklungen und so weiter. Der Tierkreis symbolisiert den ewigen Kreislauf des Daseins.

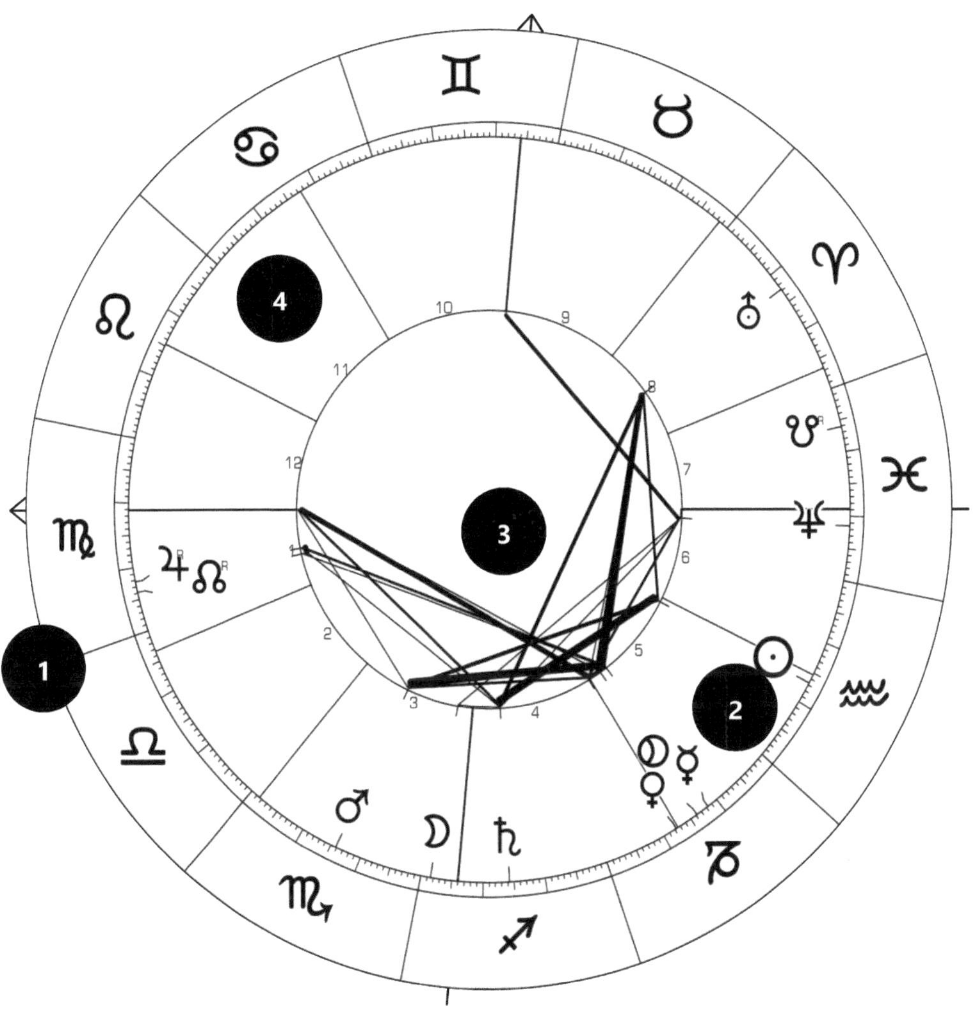

Die Elemente des astrologischen Systems:
1 Tierkreis – 2 Planeten – 3 Aspekte – 4 Häuserkreis
(Beispiel: 02.02.2016, 19:50 Uhr, Stuttgart)

In diesem Koordinatensystem bewegen sich die Planeten wie in einem kosmischen Uhrwerk. Sie laufen in verschiedenen Geschwindigkeiten durch den Tierkreis. Die Planeten sind die Systemakteure, welche durch ihre Bewegung das Geschehen symbolisieren, die Prozesse und Abläufe des Systems. Jeder Planet hat eine eigene Persönlichkeit, steht als Archetyp für universelle Bewegungsprinzipien, Arten zu agieren, sich zu verhalten, sich zu ereignen. Dabei wird sein Wesen vom Tierkreiszeichen geprägt, in welchem er sich gerade befindet. Er wandert durch die stetig sich wandelnden Landschaften und Kulissen des Tierkreises und aktiviert diese durch seine Anwesenheit.
Die Planeten stehen zudem in permanent wechselnden Beziehungen zueinander. Dies wird durch die Winkelabstände zwischen ihnen angezeigt, die sogenannten Aspekte, sowie Deklinationen, Spiegelpunkte und Halbsummen. Die Aspekte zeigen die Interaktionen und komplexen Wechselwirkungen zwischen den Systemakteuren, ihren Austausch und ihre Vernetzung miteinander. Durch dieses permanent evolvierende Wechselspiel entsteht die Dynamik des Lebens.

Schließlich tritt dieses Gefüge in verschiedenen Lebensbereichen in Erscheinung, repräsentiert von Aszendent, Meridian und Häuserkreis. Der Häuserkreis verbindet die Kollektivebene der Planetenkonstellationen mit der individuellen Persönlichkeit des Horoskops. Er zeigt, in welchen persönlichen Lebensbereichen sich die Konstellationen befinden, wie das Individuum an den Zeitgeist seiner Geburt angekoppelt ist.

Zyklenkomplexität

Das Horoskop ist somit ein komplexes Uhrwerk von ineinander verschachtelten Rhythmen. Dieses System ist permanent in Bewegung. Der Minutenzeiger dieses Systems ist das Fortschreiten von Aszendent, Meridian und Häuserkreis, welche ein Mal pro Tag den gesamten Tierkreises durchlaufen. Der Mond braucht dafür 28 Tage, die Sonne ein Jahr. So decken die Planeten verschiedene Schwingungslängen ab bis zu den 248 Jahren von Pluto und darüber hinaus (z.B. die Planetoiden Eris mit 556 Jahren oder Sedna mit 11.180 Jahren).[5]

Das Ineinandergreifen dieser verschiedenen Zyklen ist so komplex, dass es in der Geschichte des Universums keine zwei Zeitpunkte gibt, welche dasselbe Horoskop haben. Sogar bei eineiigen Zwillingen, welche nur wenige Minuten voneinander geboren sind, ergeben sich bereits deutliche Unterschiede in der astrologischen Signatur. Dasselbe gilt für zwei Menschen, die zum selben Zeitpunkt an verschiedenen Orten geboren wurden. Jedes Horoskop ist einzigartig wie auch jeder Mensch einzigartig ist. Es gibt in der modernen Psychologie kein Persönlichkeitsmodell, welches nur annähernd eine vergleichbare Komplexität und Vielschichtigkeit aufweisen kann.

FAKTOR		**Zeit pro Tierkreisdurchlauf**
Aszendent / Meridian	AC MC	1 Tag
Mond	☽	28 Tage
Sonne	☉	1 Jahr
Mars	♂	2 Jahre
Jupiter	♃	12 Jahre
Saturn	♄	29 Jahre
Uranus	⛢	84 Jahre
Neptun	♆	165 Jahre
Pluto	♇	247 Jahre
Eris		556 Jahre
Sedna		11 200 Jahre

Die Periodizitäten ausgewählter Planeten und Planetoiden aus geozentrischer Sicht

Bisherige Gruppen-Ansätze der Astrologie

Astrologie liefert also ein hervorragendes Instrumentarium, um den individuellen Charakter eines Menschen, einer Organisation oder eines Ereignisses zu entschlüsseln. Auch die Entwicklung im Zeitverlauf (Transite, Progressionen, Direktionen, Häuserrhythmen etc.) und die Beziehungen von zwei Horoskopen zueinander lassen sich mit dem herkömmlichen astrologischen Werkzeug sehr gut analysieren. Deutlich schwieriger wird es hingegen, wenn man das Wesen und die Dynamik von Gruppen astrologisch entschlüsselt möchte. Hierfür gab es in der Astrologie bislang keine befriedigenden Ansätze.

Nehmen wir einmal an, ein Klient kommt zu Ihnen und sagt: „In unserer Forschungsabteilung läuft es nicht rund. Zwar arbeiten dort gute Ingenieure und Techniker. Die sind auch sehr fleißig, führen vorbildlich ihre Projektpläne. Aber irgendwie kommt nichts dabei heraus. Es ist nun schon einige Jahre her, dass die Abteilung ein erfolgreiches, wirklich innovatives Produkt entwickelt hat. Können Sie uns helfen?"
Man bekommt die Geburtsdaten aller Mitarbeiter und hat dann einen Stapel einzelner Horoskope vor sich liegen. Was nun? Für solche Situationen haben Astrologen im Lauf der Zeit verschiedene Herangehensweisen entwickelt. Manchmal wird das Beziehungsgeflecht reduziert auf die Summe von Zweierbeziehungen. Man schaut sich den Vorgesetzten in Bezug zu den einzelnen Mitarbeitern an. Oder man analysiert problematische Verhältnisse, etwa von zwei Kollegen, die häufig streiten. Was in der Abteilung insgesamt im Argen liegt, wird sich dadurch aber nicht ergründen lassen.
Andere Astrologen haben einen großen Schreibtisch oder eine große Wand, wo sie alle Einzelhoroskope nebeneinander positionieren und sich in stundenlangen Pirouetten darin versenken. Bei dieser Herangehensweise kann man durchaus mit Instinkt und viel Geduld zum Ziel kommen. Es besteht aber immer die Gefahr, dass man in der Informationsflut wichtige Zusammenhänge übersieht. Zudem ist dieser Ansatz sehr zeitaufwendig.

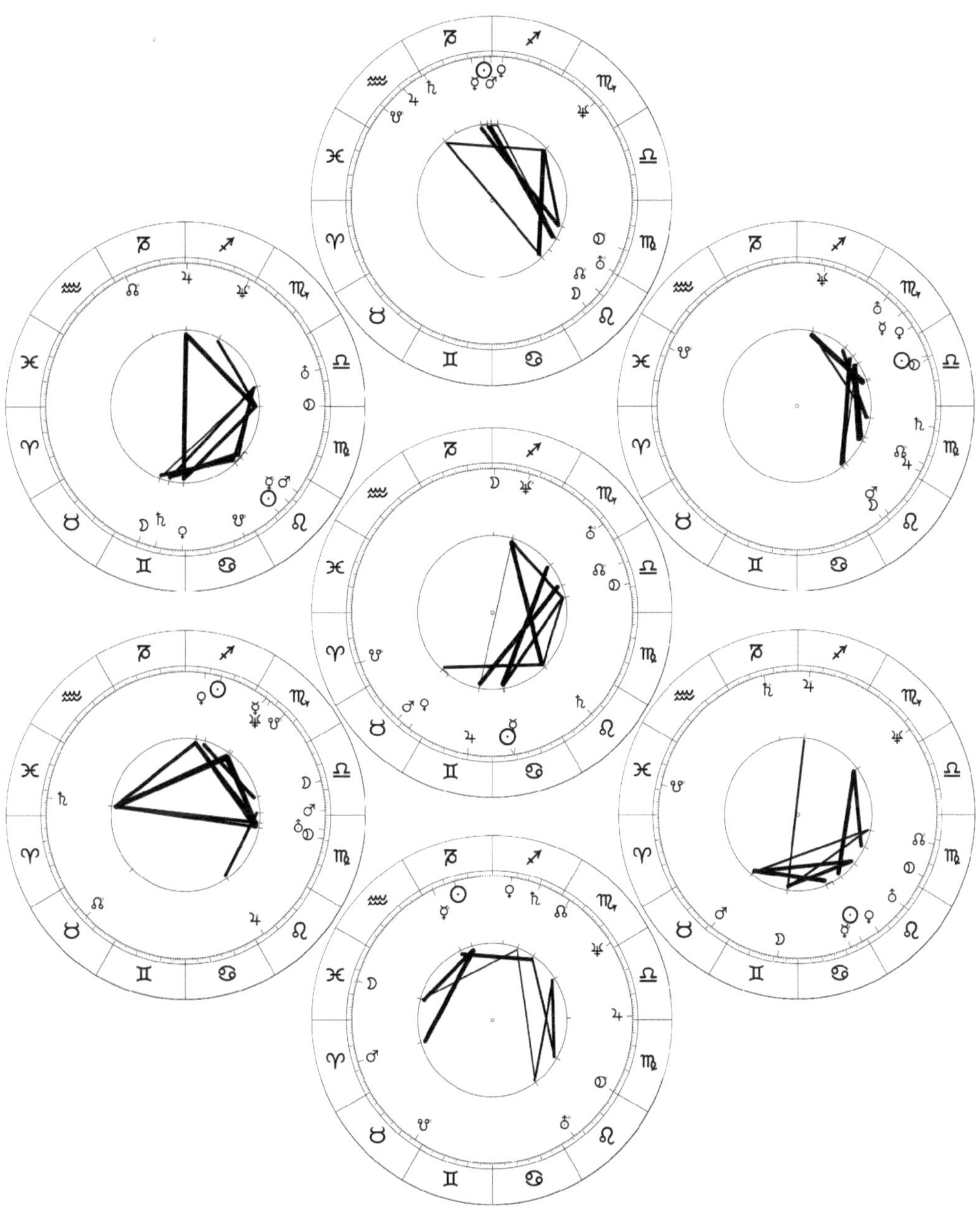

Einzelhoroskope von sieben Mitarbeitern
einer Abteilung für Forschung & Entwicklung

Multi-Composit & Multi-Combin

Dann gibt es die bewährten Tools der Partneranalyse. Beim Composit werden die Halbsummen aus den einzelnen Horoskopfaktoren der beiden Partner berechnet und daraus ein neues Horoskop erstellt. Beim Combin werden aus den beiden Geburtszeiten und Koordinaten der Geburtsorte die arithmetischen Mittel gebildet und auf diese Daten das neue Horoskop berechnet.[6] Beide gibt es auch in der Gruppenvariante als Multi-Composit bzw. Multi-Combin.[7] Hier kann man beliebig viele Personen hinzufügen und erhält am Ende immer eine Horoskopgrafik in gewohnter Manier. Diese Horoskope zeigen sehr gut, was die Gruppe als eigenständige Wesenheit ausmacht. Die individuellen Horoskope verschwinden jedoch völlig in dieser Darstellung. Weder sieht man, wie einzelne Menschen in der Gruppe eingebettet sind, noch in welchen Verhältnissen die Mitglieder zueinander stehen. Tauscht man nur eine Person aus, so erhält man ein vollkommen anderes Horoskop. Man hat keinen Ansatzpunkt mehr, um im Sinne der Organisationsentwicklung oder der systemischen Therapie gezielt Veränderungen in der Gruppe herbeizuführen.

Multi-Synastrie

Bleibt noch die Synastrie, welche einige Astrologieprogramme auch als Multi-Synastrie anbieten. Bei der Multi-Synastrie werden die einzelnen Horoskope in konzentrischen Kreisen umeinander gelegt. Diese Ansicht eignet sich hervorragend für zwei Horoskope, einigermaßen für drei Horoskope. Mehr Horoskope sind in dieser Darstellung zwar möglich, werden aber rasch derart unübersichtlich, dass sie für eine Zusammenschau kaum noch brauchbar sind.

Vor diesem Hintergrund habe ich vor einigen Jahren eine neue Technik entwickelt: das Gruppenhoroskop.

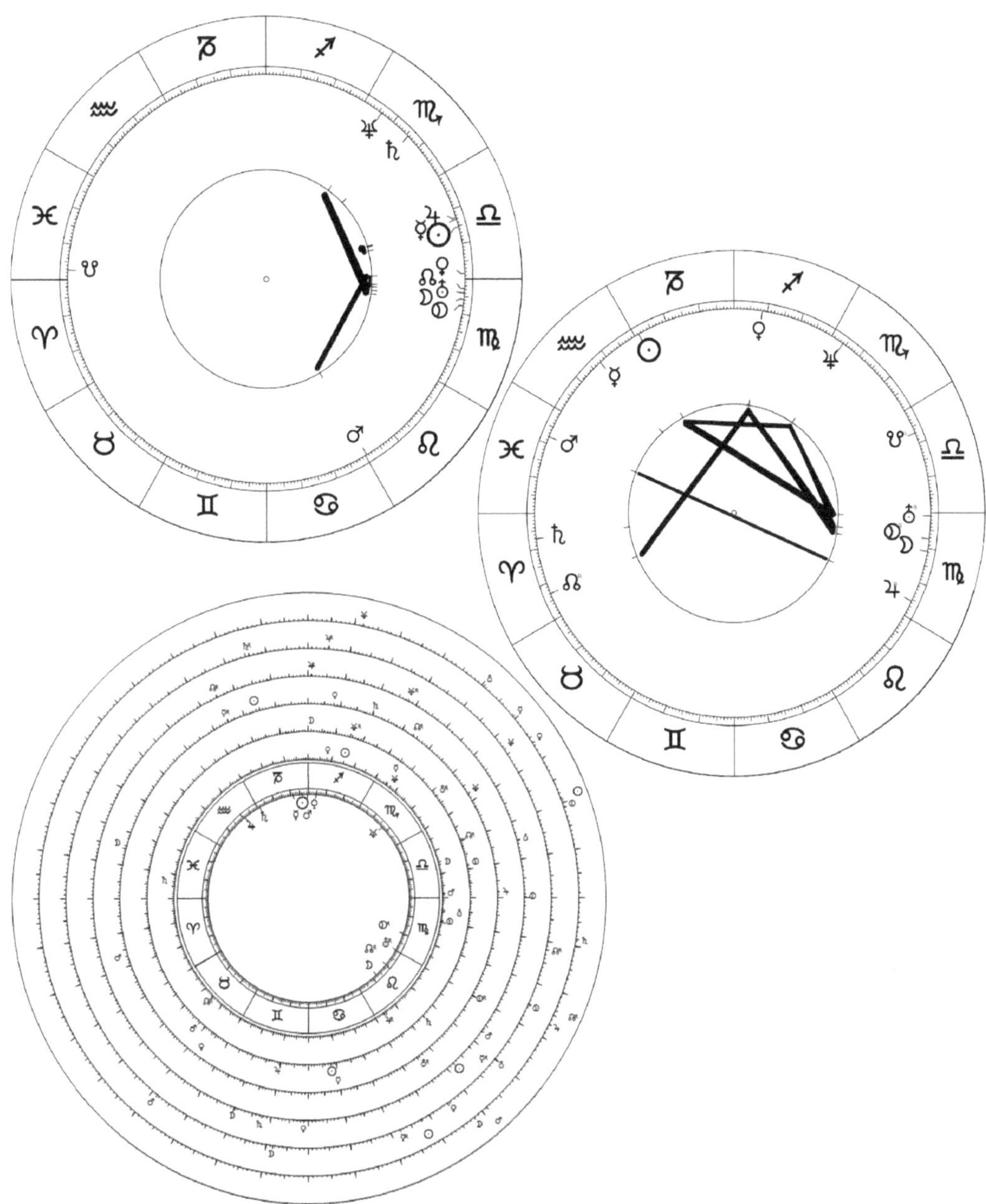

Die sieben Mitarbeiter der F&E-Abteilung
in Multi-Composit (oben), Multi-Combin (Mitte) und Multi-Synastrie (unten)

DAS GRUPPENHOROSKOP

Das Gruppenhoroskop ist eine innovative Methode, welche sich besonders gut für die Zusammenschau von bis zu etwa zwanzig Horoskopen eignet. Es zeigt sowohl die Schwerpunkte und Besonderheiten der Gruppe als Gesamtheit, als auch die vielschichtigen Beziehungsgeflechte zwischen den einzelnen Mitgliedern. Auch das Verhältnis eines einzelnen Horoskops zum Rest der Gruppe kann damit hervorragend analysiert werden.
Beim Gruppenhoroskop werden die Horoskope aller Personen im selben Tierkreis eingezeichnet. Dabei wird jeder Person eine eigene Farbe zugeordnet, um sie einfach voneinander unterscheiden zu können. Für die Gruppenanalyse aus der Vogelperspektive empfiehlt es sich, als Fixpunkt 0° Widder links zu platzieren.[8] Im Falle unseres Beispiels der Abteilung für Forschung und Entwicklung sehen wir das Gruppenhoroskop auf der folgenden Seite. Bevor wir zur astrologischen Deutung dieses Beispiels kommen (S. 47ff), möchte ich einige allgemeine Informationen über diese Methode vorausschicken.

Die Farbsystematik von Gruppenhoroskopen

Um sich in Gruppenhoroskopen schnell zurechtzufinden, ist es von Vorteil, die Zuordnung der Farben systematisch vorzunehmen. Ich verwende für die Fokusperson (Klient, Abteilungsleiter, Gründer etc.) immer die Farbe Schwarz. Die Farben der anderen Gruppenmitglieder kann man beispielsweise nach dem jeweiligen Element ihrer Sonnenzeichen vornehmen, also z.B. Rottöne für die Feuerzeichen, Blautöne für die Wasserzeichen, Grün/Brauntöne für die Erdzeichen und Gelb- oder Grautöne für die Luftzeichen. Wenn viele Mitglieder die Sonne im selben Element stehen haben, so kann man auch auf das Element des Aszendenten oder Meridians ausweichen.

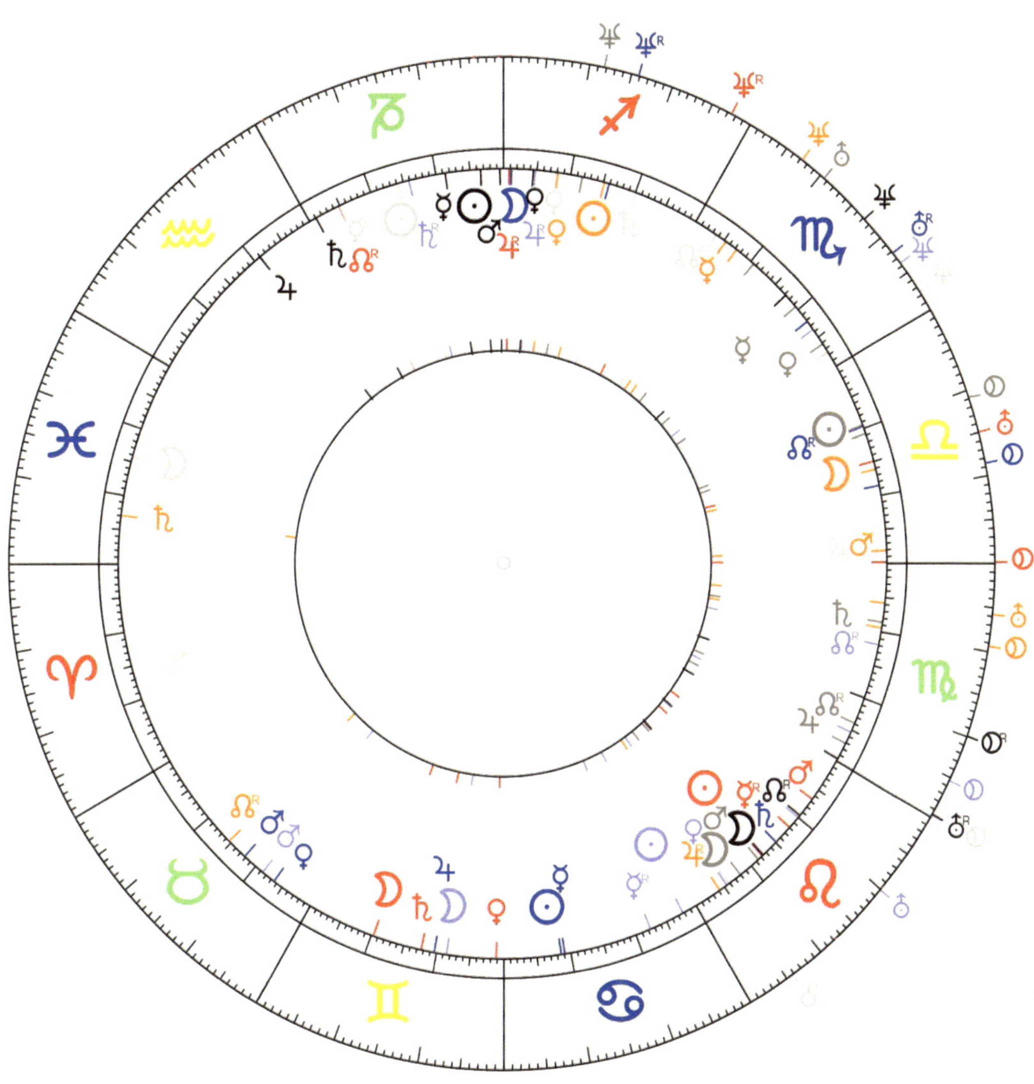

Die sieben Mitarbeiter der F&E-Abteilung im Gruppenhoroskop

Eine weitere Möglichkeit besteht darin, für Männer und für Frauen jeweils kalte und warme Farben zu verwenden oder für alte und junge Menschen dunkle und helle Farben.

Oft ist die passendste Farbgebung von der jeweiligen Gruppenstruktur abhängig. Finden sich in einer Gruppe sehr viele Personen mit demselben Alter, Geschlecht oder dominanten astrologischen Element, so wird dieses Kriterium für die Farbsystematik wenig geeignet sein. In diesen Fällen gibt sehr oft die Gruppe selbst weitere Möglichkeiten vor. Besteht sie beispielsweise aus verschiedenen Untergruppen – im Fall der Forschungsabteilung z.B. Produktschwerpunkte (Produktbereich A, B, C) oder Tätigkeitsschwerpunkte (Konstrukteure, Labor, Musterbau, Design, Patente etc.), so wird dies das zweckdienlichste Kriterium für die Farbsystematik sein. Wir werden später das Gruppenhoroskop der Raumschiff Enterprise Crew kennenlernen.[9] Hier war es naheliegend, der Systematik die Farben der Uniformen zugrunde zu legen: Captain Kirk orange, Spock blau, Scotty rot und so weiter. Den Varianten sind keine Grenzen gesetzt. Wichtig ist hierbei nur, dass die Farbwahl der eigenen Intuition entgegenkommt und man sich schnell und zuverlässig darin zurechtfindet.

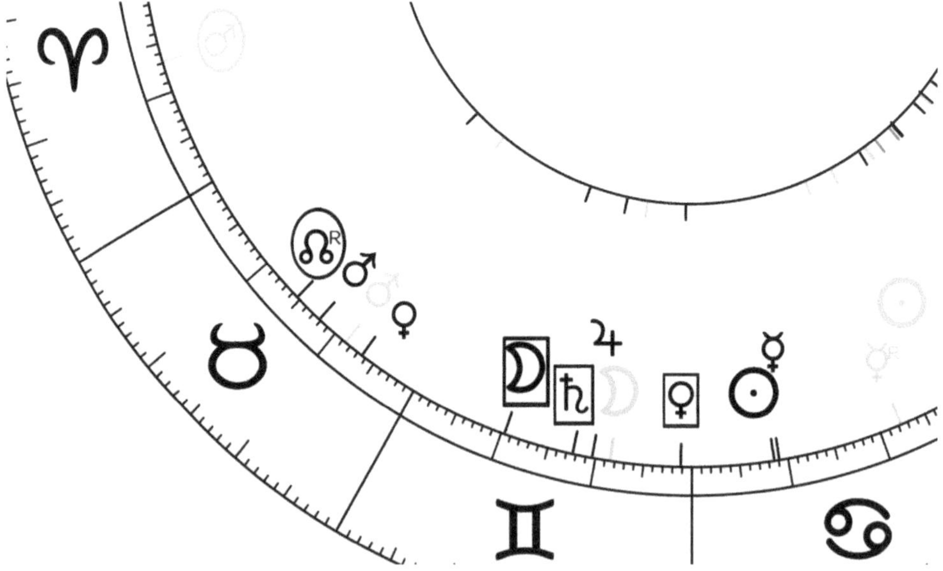

Gruppenhoroskop in Schwarz-Weiß - Unterscheidung durch Symbole

Ab etwa zehn Personen wird es immer schwieriger, die Farben optisch zu unterscheiden.[10] Dann werden sie durch geometrische Figuren wie Kreise, Dreiecke, Vierecke oder Rauten ergänzt, damit das Auge die einzelnen Horoskope weiterhin eindeutig zuordnen kann. Die Ergänzung durch geometrische Formen ist auch dann notwendig, wenn nur ein begrenzter Farbraum zur Verfügung steht, beispielsweise bei einer Veröffentlichung im Schwarz-Weiß-Druck. In diesem Fall werden die Formen zum dominanten Unterscheidungsmerkmal der Einzelhoroskope.

Die Ebene der Generationenprägung

In der einfachsten Variante werden sämtliche Faktoren im Innenkreis eingetragen. Um die Generationenprägung der Gruppe besser sichtbar zu machen, zeichne ich aber in der Regel Uranus, Neptun und Pluto in den Außenkreis ein. So ist schnell ersichtlich, welchen Generationenauftrag die Gruppenmitglieder als Prägung mitbringen, wie die Gruppe an Zeitgeistströmungen gekoppelt ist. So sehen wir im Innenkreis die persönlichen Veranlagungen (AC, MC, Mond bis Saturn) und im Außenkreis die Kulturbrille, die Einbettung in Moden, Trends und Generationen (Transsaturnier). Wenn es thematisch angeraten ist, dann trage ich dort auch die entsprechenden Planetoiden oder Zusatzfaktoren ein.

Eine getrennte Generationenebene ist auch deshalb von Vorteil, weil wir einige Jahrzehnte lang eine Unwucht auf der rechten Tierkreishälfte hatten. Für die aktuell im Berufsleben stehenden Jahrgänge (ca. 1950 – 2000) befindet sich im Geburtshoroskop Pluto zwischen Löwe und Skorpion, Neptun zwischen Waage und Steinbock und Uranus zwischen Krebs und Steinbock. Trägt man alle Faktoren in den Innenkreis ein, so entsteht schnell der Eindruck, dass diese Zeichen überrepräsentiert wären. Eine eigene Generationenebene hat zudem den angenehmen Nebeneffekt, dass die Grafik übersichtlicher und aufgeräumter ist.

JAHR	♇	♆	♅
1950	♌	♎	♋
1951			
1952			
1953			
1954			
1955			
1956		♏	♌
1957	♍		
1958			
1959			
1960			
1961			
1962			♍
1963			
1964			
1965			
1966			
1967			
1968			
1969			♎
1970		♐	
1971			
1972	♎		
1973			
1974			

JAHR	♇	♆	♅
1975			♏
1976			
1977			
1978			
1979			
1980			
1981			♐
1982			
1983			
1984	♏	♑	
1985			
1986			
1987			
1988			♑
1989			
1990			
1991			
1992			
1993			
1994			
1995	♐		
1996			♒
1997			
1998		♒	
1999			

Generationenprägung der aktuell berufstätigen Jahrgänge 1950-2000

Das Zeichnen von Gruppenhoroskopen

Nachdem ich das Gruppenhoroskop im Frühjahr 2016 erstmals in der Zeitschrift ASTROLOGIE HEUTE[11] einer breiten Öffentlichkeit vorgestellt habe, gab es zahlreiche Anfragen, mit welchem Tool man Gruppenhoroskope erstellen kann. Die Antwort ist im digitalen Zeitalter zwar offenbar nicht naheliegend, dafür aber überraschend einfach: mit der Hand.
In den ersten Jahren des Experimentierens mit dem Gruppenhoroskop genügten mir ein leerer Tierkreis und ein paar Buntstifte. Viele Astrologen können sich noch gut ans prädigitale Zeitalter erinnern, als man ein dickes Ephemeridenbuch, Häusertabellen und ein Blatt Papier zur Berechnung von Planetenständen und Häuserspitzen benötigte. Das Horoskop wurde per Hand in ein leeres Horoskopformular eingetragen. Das mag jungen Astrologen als verlorene Zeit erscheinen, war es aber nicht. Denn mit dem Prozess des Zeichnens wurde auch vor dem inneren Auge Schritt für Schritt das Horoskop aufgebaut. Mit jedem Strich begann es immer mehr zu leben.
Der einfachste Weg zum Gruppenhoroskop ist also das Einzeichnen der einzelnen Horoskope mit verschiedenen Farben in einen gemeinsamen Tierkreis. Mit etwas Übung geht das sehr schnell vonstatten, denn die mathematische Kalkulation der Einzelhoroskope samt der Tücken von geographischen Koordinaten oder Sommerzeitumstellungen kann man heute dem Computer überlassen. Auch komplexe Gruppenhoroskope lassen sich mit dieser Manier in wenigen Minuten per Hand zeichnen. Im Anhang steht dafür übrigens eine Vorlage zum Kopieren zur Verfügung.[12]

Als ich begann, das Gruppenhoroskop immer öfters in Firmenberatungen einzusetzen, waren die Handzeichnungen irgendwann nicht mehr ausreichend. So begann ich, bei großen Projekten die Gruppenhoroskope mit einem Grafikprogramm manuell zu setzen. Das sieht zwar professioneller aus, erfordert aber auch viel Erfahrung im Grafikbereich und dauert deutlich länger. Die Abbildungen in diesem Buch entstanden auf diese Art und Weise.

Sie haben es zum Glück deutlich einfacher. Denn direkt nach Veröffentlichung meines ersten Artikels zum Gruppenhoroskop kam ich mit Wolfgang Peterat von der populären Astrologie-Software ASTROPLUS ins Gespräch. Er war von dieser neuen Technik begeistert und programmierte ein eigenes Modul für Gruppenhoroskope, welches seit Mai 2016 allen Nutzern von ASTROPLUS zur Verfügung steht. Das Erstellen von Gruppenhoroskopen braucht hier nur noch wenige Mausklicks, um die Einzelhoroskope auszuwählen und den verschiedenen Farben zuzuordnen. In kürzester Zeit können so Gruppenhoroskope gezeichnet und verändert werden, beispielsweise durch Austauschen oder Ein- und Ausblenden einzelner Mitglieder. Gerade bei Themen im Experimentierstadium ist dies ein enormer Vorteil.[13] Weitere Software-Kooperationen sind momentan in Arbeit.

Anwendungsbereiche des Gruppenhoroskops

Ursprünglich habe ich das Gruppenhoroskop aufgrund der speziellen Anforderungen der Bereiche Personal und Organisation entwickelt. Auch für Marketing- und Brandingprojekte verwende ich es regelmäßig, beispielsweise für Marktanalysen, Wettbewerbsvergleiche und für die Positionierung und Repositionierung von Produkten und Marken. Die Anwendungsmöglichkeiten gehen aber noch viel weiter. Grundsätzlich ist das Gruppenhoroskop überall dort eine große Hilfe, wo man die Zusammenhänge von drei oder mehr Horoskopen analysieren möchte.

Ein wichtiger Bereich ist die systemische Familienanalyse. Hier kann das Gruppenhoroskop sehr schnell die Familienstruktur und die internen Beziehungsmuster aufzeigen. Dabei ist es auch spannend, die Ahnenketten und ihre Verstrickungen über mehrere Generationen zurückzuverfolgen. Auch im Bereich Partnerschaft ist das Gruppenhoroskop von großem Nutzen. Wer häufig an den oder die Falsche gerät, dem sei ein Gruppenhoroskop aller bisherigen Partner empfohlen. Es kommt sehr schnell zum Vorschein, welchen Suchmustern man bislang unbewusst gefolgt ist. Als drittes Beispiel möchte ich die Mundanastrologie nennen. Denn gerade hier ist die Zusammenschau vieler Horoskope oft unabdingbar und bislang sehr zeitauf-

wendig. Gruppenhoroskope der wichtigsten geopolitischen Staaten und Politiker, der Parteien oder der Regierung in einem Land oder der wichtigsten Firmen einer Branche sind hier ein gewaltiger Fortschritt. Man sieht auf einen Blick, wer z.B. gerade vom laufenden Saturn-Neptun-Quadrat betroffen ist und wer als Trägersubjekt dieser Konstellation in die nähere Auswahl kommt.
Diese und zahlreiche weitere Anwendungsmöglichkeiten wird dieses Buch vorstellen. War Astrologie bislang vor allem auf einzelne Personen, Organisationen und Ereignisse beschränkt, so steht Ihnen nun die Welt der großen Zusammenschau offen.

Deutungssystem für Gruppenhoroskope

Wenn man zum ersten Mal ein Gruppenhoroskop sieht, ist man überwältigt von der Fülle an Informationen. Schnell kann man sich in den verwinkelten Details verlieren. Deshalb habe ich ein Deutungssystem entwickelt, mit dem man die wesentlichen Themen einer Gruppe systematisch identifizieren kann. Wichtig dabei ist, bei der Deutung zuerst das große Bild zu erfassen, die Gestalt der Gruppe. Erst dann kommen Rollenverteilung, Beziehungsmuster, Gruppendynamik und je nach Aufgabenstellung die weiteren Feinanalysen.
Das Deutungssystem umfasst mehrere Bereiche, welche für die verschiedensten Fragestellungen das passende Werkzeug liefern. Dabei ist es nicht immer erforderlich, sämtliche Schritte in die Deutung eines Gruppenhoroskops mit einzubeziehen. Bei vielen Fragestellungen genügen ausgewählte Teile daraus, was auch die verschiedenen Praxisbeispiele zeigen werden.

1. Kollektivanalyse

Der erste Schritt ist die Kollektivanalyse. Was macht die Gruppe als Gesamtheit aus, als eigenständiger Organismus? Wo liegen ihre Schwerpunkte und ihre Lücken? Welche großen Themen beschäftigen sie? Was hält sie zusammen?

2. Rollenverteilung

Erst wenn die Gruppe als Kollektivwesen erfasst ist, werden die einzelnen Mitglieder analysiert. Welche Rollen nehmen diese innerhalb der Gruppe ein? Wie positionieren sie sich? Welche Bereiche und Funktionen übernehmen sie? Welche Generationenprägungen bringen Sie ein?

3. Beziehungsmuster und Gruppendynamik

Im dritten Schritt werden die Beziehungsnetzwerke zwischen den Mitgliedern betrachtet. Wie stehen sie miteinander in Verbindung? Wo zieht wer am selben Strang? Wo ist man sich einig oder widerspricht sich? Welche Spannungen und Bequemlichkeiten entstehen durch verschiedene Charaktere? Und wie kann man diese konstruktiv nutzen? Aus diesen Beziehungsmustern entsteht die Gruppendynamik. Sie erweckt die Gruppe erst zum Leben, bringt Prozesse und Abläufe in die Struktur der Gruppe.

4. Die Fokusperspektive

In manchen Fällen möchte man das Verhältnis eines einzelnen Horoskops zum Rest der Gruppe analysieren. Dafür gibt es als Spezialvariante das Fokus-Gruppenhoroskop. Dieses rückt ein Horoskop ins Zentrum. Der Rest der Gruppe wird um dieses herumgebaut. So kann man die individuelle Perspektive eines der Gruppenmitglieder einnehmen und die Gruppe aus dieser heraus betrachten. Man sieht die Gruppe aus der subjektiven Sicht eines der Mitglieder.

Man kann aber auch ein Leitsystem der Gruppe in den Fokus rücken, beispielsweise die Gründung einer Firma oder ein wichtiges Ereignis. Welche Rollen nehmen die einzelnen Mitglieder im Kontext dieses Leitsystems ein? Wer erfüllt welche Aufgabe? Welches Verhältnis haben sie zu diesem gemeinsamen Thema?

5. Die Gruppe im Zeitverlauf

Und schließlich steht die Gruppe nicht isoliert in der Welt. Vielmehr ist sie in den Zeitgeist eingebettet, welcher sich kontinuierlich wandelt. Welche Herausforderungen kommen auf die Gruppe zu? Wann beschäftigt sie sich mit welchen Themen?
Das Gruppenhoroskop kann man sehr gut mit prognostischen Techniken kombinieren. So lässt sich die stetig wandelnde Beziehung der Gruppe zum Zeitgeist sichtbar machen. Man erkennt, wie sie sich im Zeitverlauf entwickelt.

6. Weitere Varianten des Gruppenhoroskops

Darüber hinaus gibt es eine Reihe von speziellen Varianten des Gruppenhoroskops. Diese können optional für besondere Anforderungen herangezogen werden. So können zusätzliche Faktoren wie Planetoiden oder Arabische Punkte integriert werden, um gewisse Themen zu vertiefen. Mit dem Progressiven Gruppenhoroskop können Veränderungen und Entwicklungen der Gruppe selbst sichtbar gemacht werden. Der Kreativität sind hier keine Grenzen gesetzt. Einige dieser Varianten werden am Ende des Theorieteils als Inspiration vorgestellt.

Schließlich präsentiert der letzte Abschnitt des Buches eine Reihe von Praxisbeispielen aus verschiedenen Lebensbereichen wie Kunst, Unterhaltung oder Politik Wirtschaft. Hierbei handelt es sich um Mitschriften von Seminaren und Vorträgen, welche ich 2016 und 2017 zum Gruppenhoroskop gehalten habe. Diese Protokolle vermitteln einen lebendigen Eindruck von der

Arbeit mit dem Gruppenhoroskop, weil sie die unmittelbare Deutungspraxis wiedergeben.

Tipps für den Start

Jede Methode steht und fällt mit der Erfahrung des Anwenders. Ein Klavierspieler lernt die Meisterschaft auf dem Instrument nicht aus Büchern, sondern aus zahllosen Stunden des Übens und Experimentierens. Ähnlich verhält es sich bei der Astrologie im Allgemeinen und beim Gruppenhoroskop im Speziellen.
Im ersten Schritt empfiehlt es sich, das Deutungssystem an Gruppen zu üben, die man persönlich sehr gut kennt. Ganz zu Beginn stehen dabei die eigenen Familien: die eigene Familie mit Eltern und Geschwistern, die Familie mit Partner*in und Kindern, die Familie der Tante, des Bruders, der Schwägerin. Dabei sollte man mit kleineren Gruppen beginnen. Die übliche Familiengröße von vier bis fünf Personen ist zum Einstieg vollkommen ausreichend, um die Techniken des Gruppenhoroskops zu vertiefen.
Dann kann man den Radius um das eigene Leben zunehmend ausdehnen: die verschiedenen Freundeskreise, die Kollegen auf der Arbeit, die Kameraden im Verein oder in der Sportmannschaft, die Nachbarn, die Schulklasse der eigenen Kinder und so weiter.

Im persönlichen Leben sind aber nicht nur bestehende soziale Kontakte wichtig. Man kann auch thematische Gruppierungen vornehmen: Ein Gruppenhoroskop aller besten Freund*innen seit der Kindheit oder aller wichtigen Liebes- und Sexpartner*innen der vergangenen Jahrzehnte gibt genauso ein aufschlussreiches Bild von den eigenen Prägungen und sozialen Suchmuster. Dasselbe kann man machen mit dem Antritt der verschiedenen Jobs, dem Einzug in die verschiedenen Wohnungen oder Häuser oder sonstige Ereignisse, welche wichtige Lebensphasen prägen.

Hat man im Rahmen der eigenen Lebenswelt erste Erfahrungen mit dem Gruppenhoroskop gesammelt, so sollte man möglichst rasch dazu übergehen, diese durch Gruppen außerhalb des eigenen Umfelds zu vertiefen. Auch hier empfiehlt es sich, mit kleinen Gruppen zu starten, die man gut kennt und spannend findet: Musikbands, Schauspieler einer Lieblingsserie, Politiker einer Partei oder einer Regierung, Fußballmannschaften und so weiter.

Oft kommt die Frage, ob man beim Gruppenhoroskop überhaupt seine bisherigen astrologischen Erfahrungen und Gewohnheiten anwenden kann oder ob man sich auf ein vollkommen neues Deutungssystem einlassen muss. Das Schöne am Gruppenhoroskop ist, dass man daran mit jeglicher astrologischen Schule andocken kann. Die einzigen Prämissen meines Systems sind, dass Planeten in Tierkreiszeichen eine Bedeutung haben und dass Winkelbeziehungen zwischen den Planeten (Aspekte) eine Bedeutung haben. Das ist auch der kleinste gemeinsame Nenner, auf den sich Astrologen sämtlicher Schulen einigen können. Sie brauchen sich im Gruppenhoroskop weder für ein bestimmtes Häusersystem zu entscheiden, noch ist es wichtig, ob Sie mit dem tropischen oder mit dem siderischen Tierkreis arbeiten. Es zwingt Sie in kein in sich geschlossenes Denksystem, sondern ist methodenübergreifend. Ob klassische oder vedische Astrologie, ob Methode Glahn oder Ebertin, ob Hamburger Schule, Münchner Rhythmenlehre, Transpersonale Astrologie, Huberschule oder Eigenbau, Sie können jedes beliebige astrologische System um das Gruppenhoroskop erweitern.

Wichtig bei all dem ist, genug Zeit einzuplanen. Bei einem Einzelhoroskop mag es noch möglich sein, mit nur wenigen Minuten Vorbereitungszeit eine Stegreifanalyse zu improvisieren. Beim Gruppenhoroskop ist dies definitiv nicht mehr möglich. Es erfordert einen deutlich höheren Aufwand in der Vorbereitung bis alle wesentlichen Verbindungen durchleuchtet sind. Dann ist das Gruppenhoroskop ein fantastischer Schlüssel zur Kollektivastrologie und eröffnet übergeordnete Zusammenhänge, die mit dem herkömmlichen Instrumentarium verborgen waren.

DIE KOLLEKTIVANALYSE

Bevor man sich in die verwinkelten Beziehungen eines Gruppenhoroskops stürzt, ist zuerst der Blick für das große Ganze wichtig. Was macht die Gruppe als Kollektiv aus, als eigenständige Wesenheit? Welche Charaktermerkmale sind in ihr angelegt? Welche Themen beschäftigen sie? Wo setzt sie Schwerpunkte und wo hat sie Defizite?
Der erste Schritt in der Deutung von Gruppenhoroskopen ist die Kollektivanalyse. Hier werden die großen Themen betrachtet, welche die Gruppe in ihrer Gesamtheit prägen.

Cluster und Lücken

Wir betrachten zunächst die Auffälligkeiten in der Planetenverteilung. In welchen Bereichen des Tierkreises ballen sie sich? Wo gibt es leere Stellen? Wo hat das Gesamtbild Cluster und Lücken?

Kooperation & Konkurrenz

Planetencluster zeigen das Aufeinandertreffen von Energien, welche die Gruppenmitglieder einbringen. Sie drehen sich um ein gemeinsames Thema. Sie belegen denselben Platz. Wenn sich mehrere Menschen am selben Platz befinden, dann gibt es zwei Möglichkeiten:
Bei der Kooperation vereinigen sie ihre Kräfte, um gemeinsam etwas voranzubringen. Sie sind sich einig und ziehen am selben Strang. Sie haben eine Ähnlichkeit im Wesen und empfinden deshalb Vertrautheit und Sympathie füreinander. Bei der Konkurrenz hingegen raufen sie sich um denselben Platz. Jeder möchte der Bessere sein und sein Revier verteidigen und erweitern. Sie rittern um die Tierkreisgrade, tragen Gradkämpfe aus. Es geht um den Wettstreit, wer am Platz das Sagen hat, nach welcher Hackordnung der Gradbereich verteilt wird.

Der astrologische Charakter

Ob die Planetencluster von Kooperation oder von Konkurrenz geprägt sind, hängt von mehreren Faktoren ab: Erstens wird das Gefüge maßgeblich von den beteiligten Planeten definiert. Manche Planeten verstehen sich besser, andere schlechter. Das hängt auch wesentlich vom Zeichenhintergrund ab. Treffen sich etwa Venus und Mond im Stier, so fühlen sich beide im Zeichen wohl und pflegen ihr harmoniebetontes, soziales Wesen miteinander. Treffen sich hingegen Mars und Saturn im Widder, so entfaltet Mars im Domizil seine volle Durchsetzungskraft, während Saturn im Fall ungelenk in der Defensive ist. Inwieweit diese Spannungen im Wettbewerb münden oder beide eine konstruktive gemeinsame Ebene finden, hängt vom zweiten wesentlichen Faktor ab: dem persönlichen Entwicklungsstand der Beteiligten.

Willensfreiheit & Kultivierungsgrad

Der Kultivierungsgrad zeigt, auf welcher Ebene Menschen ihr Horoskop leben, den persönlichen Entwicklungsstand. Jedes Horoskop bietet einen Handlungsspielraum, innerhalb dessen wir mit unserem freien Willen gestalten können. Das Horoskop gibt also einen Entwicklungskorridor vor. Welche Wege wir innerhalb dieses Korridors nehmen, können wir frei entscheiden. Stehen zwei Löwe-Sonnen beieinander, so mögen sie im jugendlich, ungeschliffenen Stadium schnell miteinander um die Herrschaft im Revier konkurrieren. Im kultivierten Stadium werden zwei Löwe-Sonnen leben und leben lassen. Jede hat ihr Territorium, in welchem sie sich frei entfalten, herrschen und führen kann. Beide respektieren und fördern einander und ihre Projekte.

Dieser Kultivierungsgrad lässt sich nicht aus dem Horoskop lesen. Er lässt sich nur am Menschen selbst lesen. Jeder Mensch hat den Willensspielraum, die Planeten seines Horoskops so weit zu kultivieren, dass sie auch unter Spannungen eine konstruktive Ebene finden. Auch der Kontext der Gruppe ist hier wichtig. In einer Familie mögen die Konflikte offener zutage treten als in einem Team im Beruf. Das muss allerdings nicht heißen, dass diese nicht auch dort unter der polierten Oberfläche gären können.

enge & lose Cluster

Planetencluster können eng oder lose sein. Bei exakten Ballungen befinden sich die Planeten innerhalb von 2-3 Grad Orbis. Sie arbeiten eng zusammen, stehen sich nahe. Bei losen Ballungen mit größerem Orbis driften die Planeten zunehmend auseinander. Sie leben mehr nebeneinander her, entwickeln auch eine räumliche Distanz. Zeichengrenzen und Quadrantengrenzen bilden dabei natürliche Barrieren. Die Planeten befinden sich in verschiedenen Zimmern oder gar Häusern. Das kann man auch im Kontext der Gruppe wörtlich nehmen. Die Mitglieder entfalten sich in verschiedenen Bereichen, arbeiten aber im weiträumigen Cluster noch lose zusammen.

Ankergrade

Ankergrade sind besonders dichte Cluster, welche von einem Großteil der Mitglieder besetzt werden. Diese Ankergrade halten die Gruppe zusammen. Sie geben ihr ein gemeinsames Motiv, ein gemeinsames Thema, ein gemeinsames Ziel. Ankergrade sind die Schlüssel zum individuellen Wesen der Gruppe. Sie zeigen den Grund, warum die Mitglieder zusammengekommen sind, ihr Leitthema.

Lücken

Neben diesen aktiven Zonen gibt es auch Tierkreisbereiche, welche von keinen Planeten besetzt sind. Auch diese Lücken sagen viel über das Wesen der Gruppe aus, zeigen sie doch, was ihr fehlt, zu welchen Bereichen sie keinen Zugang hat. Sind etwa die Fische leer, so fehlt der Gruppe das Visionäre, der Zugang zum schöpferischen Potential des Unbewussten. Gibt es keine Planeten in der Waage, so ist der charmante Austausch mit der Außenwelt wenig ausgeprägt. Das Du spielt keine große Rolle.

Wenn es in einer Gruppe Probleme gibt, dann hat dies oft mit diesen vakanten Tierkreisbereichen zu tun, vor allem wenn diese wichtig für die Aufgaben und Funktionen der Gruppe wären. Hat beispielsweise ein Verkaufs-Team keinen Planeten in der Waage, so wird es im Umgang mit dem Kunden Defizite geben. Eine Abteilung für Buchhaltung hingegen mag mit einer leeren Waage sehr gut zurechtkommen.

Wie wichtig Cluster und Lücken für das Verständnis einer Gruppe sind, soll folgendes Beispiel zeigen:

PRAXIS CLUSTER & LÜCKEN: FORSCHUNGSABTEILUNG OHNE INNOVATION[14]

Auf S. 33 haben wir das Gruppenhoroskop einer Abteilung für Forschung & Entwicklung kennengelernt. Die Geschäftsführung des mittelständischen Unternehmens beklagt mangelnde Innovationsfähigkeit, obwohl die Abteilung vordergründig zuverlässige Arbeit macht. Die Mitarbeiter sind motiviert, fleißig und gut organisiert. Dennoch hat es schon seit Jahren keine bahnbrechenden Neuentwicklungen von Produkten mehr gegeben.

Fokusperson: Der Abteilungsleiter

In Gruppen gibt es sehr oft eine zentrale Person, um die sich die anderen scharen. Meist ist dies der Gründer oder der Leiter der Gruppe. Im Gruppenhoroskop ist der langjährige Abteilungsleiter in Schwarz eingezeichnet.

Mit Sonne, Merkur, Mars und Saturn im Steinbock ist er ein sehr guter Verwalter, fleißig, hochzuverlässig und den Werten des Unternehmens und der Geschäftsführung stets verpflichtet. Die Steinbockdominanz macht ihn zu einem idealen Stellvertreter mit ausgeprägtem Sinn für das „Man-Prinzip" (was man macht und was man nicht macht). Zu seinen Mitarbeitern pflegt er ein sehr korrektes, auf Gerechtigkeit bedachtes Verhältnis.

Mit Mond und Mondknoten im Löwen hat er dabei ein ausgeprägtes Herz für die Menschen in seiner Abteilung. Er gewährt ihnen viele Freiheiten, setzt sich immer für Gehälter und Boni am oberen Limit ein und hält viele Unannehmlichkeiten von ihnen fern. „Meine Leute sollen sich auf Ihre Projekte konzentrieren können und dürfen bei der Arbeit nicht gestört werden!"

Ankergrade

Im Recruiting sitzen Abteilungsleiter häufig an zentraler Stelle. Dabei wählen viele die Kandidaten durch die Wahrnehmungsbrille ihres eigenen Horoskops aus. Sie entscheiden sich für jemanden, der ihnen ähnlich und sympathisch ist und weniger für jemanden, der für das Stellenprofil die besten Voraussetzungen mitbringt. Gerade bei langjährigen Abteilungsleitern stelle ich in der Beratung sehr oft fest, dass diese ihre Mitarbeiter regelrecht um ihr eigenes Horoskop herumgebaut haben, sozusagen als Erweiterung ihrer eigenen Persönlichkeit. Auch in diesem Gruppenhoroskop ist die Umclusterung von Venus und Mond des Abteilungsleiters auffällig. Zahlreiche Mitarbeiter-Planeten kuscheln sich eng an sie.

Diese beiden Gradbereiche sind zu Ankergraden der Abteilung geworden. Da sie aus den beiden Sozial- und Wohlfühlplaneten Mond und Venus herausgewachsen sind, zeigt sich als Motiv des Abteilungsleiters bei der Personalauswahl vornehmlich das harmonische Miteinander. Gruppen auf Mond-Venus-Basis haben meist ein sehr gutes Betriebsklima. Doch es besteht auch immer die Gefahr der Scheinharmonie. Damit keine Unstimmigkeiten aufkommen, werden Probleme unter den Teppich gelächelt und Menschen vor Kritik geschont.

Die Innovationszone des Tierkreises

Die Kernaufgabe einer F&E Abteilung ist die Entwicklung von Innovationen. Die Produkte des Unternehmens sollten entsprechend dem neuesten Stand der Technik laufend an die Bedürfnisse der Kunden angepasst werden. Im Idealfall leistet die F&E Abteilung Pionierarbeit und erfindet neue technologische Lösungen, die es bislang in dieser Form noch nicht gab.

Diese Kernaufgabe wird durch die Zeichen Wassermann, Fische und Widder repräsentiert. Das schöpferische Potential des Unentdeckten, aus dem sich wie zarte Pflänzchen neue Ideen zaghaft herausschälen, liegt in den

Fischen. Will man vollkommen neue Wege wagen, so muss man sich in diese Nebel und Meere des Unbekannten wagen. Unten herum, im Pfad der Kausalität, reißt der Widder dieses Neuartige in die Erscheinung und rennt damit in die Welt hinaus. Er ist der Pionier, der die Idee durch spielerisches Erkunden und Ausprobieren vorantreibt, sich über Versuch und Irrtum an die Möglichkeiten der Umsetzung heranexperimentiert. Er ist der Innovationstreiber, der neue Impulse in die Gruppe bringt und – oft noch im chaotischen Zickzack – neue Projekte beginnt und dabei den ersten Stoßtrupp bildet.

Oben herum, im Pfad der Finalität gegen die Tierkreisrichtung, fliegt der Wassermann wie ein Vogel durch die Welt der neuesten Innovationen. Er sichtet die aktuellsten Erfindungen, Trends und Ideen, welche in der Szene kursieren, stets auf der Suche nach dem Außergewöhnlichen, nach originellen Bauteilen, die er zur Verbesserung seiner eigenen Entwicklungen verwenden kann. In der Astrologie wird der Erfindergeist häufig im Wassermann bzw. bei seinem Herrscher Uranus lokalisiert. Das ist aber nur die halbe Wahrheit. Denn in erster Linie ist er der Bote, der die in den Fischen geborenen Neuheiten zusammenträgt und daraus seine Erfindungen zusammenbastelt.

Ein Paradebeispiel ist der berühmte Erfinder Thomas Alva Edison mit Sonne, Merkur und Neptun im Wassermann. Er gilt landläufig als der Prototyp des genialen Erfinders mit über 1.000 Patentanmeldungen. Betrachtet man diese genauer, so sind allerdings erstaunlich wenige seiner Findungen originär seinem Geist entsprungen, sondern vielmehr geschickte Synthesen von Findungen anderer Forscher.

Lücke in der Innovationszone

Eine Forschungsabteilung sollte also ganz besonders die Zeichen Wassermann, Fische und Widder betont haben, um überhaupt echte Innovationen entwickeln zu können. Im Gruppenhoroskop des Beispiels hingegen ist dieser Sektor nahezu leer. Bereits auf den ersten Blick kann man erkennen, dass diese F&E Abteilung kaum in der Lage sein wird, erfolgreiche, innovative Produkte zu erfinden.

Zwar hat der Abteilungsleiter mit Jupiter im Wassermann durchaus ein ausgeprägtes Interesse an den neuesten Erkenntnissen der Wissenschaftsszene und würde selbst gerne mehr Zeit mit Forschung verbringen. Er ist aber im Tagesgeschäft derart mit organisatorischen Verpflichtungen zugeschüttet, dass sein Jupiter im Wassermann de facto lahmgelegt ist. Ansonsten besetzt noch der andere Steinbock (graue Farbe) die Innovationszone mit einem Fische-Mond und einen Widder-Mars. Aufgrund seiner niedrigen Ausbildung hat er es aber nur zum technischen Zeichner gebracht und verbringt seine Zeit mit dem Reinzeichnen bestehender Skizzen und Pläne. Seinen Experimentiertrieb lebt er nur privat in seiner Bastelwerkstatt aus.

Das restliche Team orientiert sich lieber am Bestehenden. Produktneuheiten sind in erster Linie Rekombinationen etablierter Produkte in neuen Farben, neuen Materialien und in neuer Verpackung.

Cluster im Löwen

Besonders auffallend ist die enorme Planetenkonzentration der Abteilung im Löwen. Diese spiegelt sich bereits in den Räumlichkeiten. Während die Büros im Rest der Firma sehr beengend sind, ist die F&E Abteilung durch „historische Zufälle" in einem sehr großen Raum mit viel Platz untergebracht. Jeder Mitarbeiter hat sich dort seine eigene Wohlfühl-Insel aufgebaut. Während in den anderen Abteilungen hektische Nervosität herrscht, wird hier getragen und würdevoll durch den Gang geschritten. Passend zur Löweballung gibt es in der Firma auch ein geflügeltes Wort: „Bei uns heißt F&E nicht Forschung und Entwicklung, sondern Freizeit und Erholung." Eine derartige Löwebetonung kann beispielsweise in einer Marketingabteilung für exzellente Ergebnisse sorgen, für viel Kreativität und Gestaltungsdrang. Zu den Kernzielen der Forschungsabteilung hingegen war ihr Beitrag überschaubar.

Systemische Lösungsansätze

Im Idealfall lassen sich solche Gruppendefizite durch die Neueinstellung von Mitarbeitern mit starker Besetzung der vakanten Tierkreisareale ausgleichen. Es ist aber nicht immer das notwendige Budget vorhanden, um den Headcount aufzustocken. Dennoch gibt es immer Mittel und Wege, die Situation im Rahmen des Möglichen zu verbessern. In diesem Fall gab es mehrere Stellschrauben:

So wurde ein Teil der Organisationsaufgaben vom Leiter an den Löwen (in roter Farbe) delegiert. Dieser entpuppte sich als ausgezeichneter Organisator und ging mit viel Engagement in seiner neuen Aufgabe auf. Dem Abteilungsleiter blieb dadurch mehr Zeit, sich bezüglich der technologischen Entwicklungen am aktuellen Stand zu halten und sich in der Forschung mehr einzubringen. Dem grünen Mitarbeiter mit Mond und Mars in der Innovationszone wurde ein Projekt im Bereich Grundlagenforschung übertragen. Ergänzend dazu bekam er trotz seines fortgeschrittenen Alters die Möglichkeit, mehrere Fortbildungen zu machen und regelmäßig Fachmessen und Kongresse zu besuchen. Auch er wuchs schnell in seine neue Rolle hinein und verblüfft seither regelmäßig das Team mit unkonventionellen Ideen und pragmatischen Lösungsansätzen, die ihm davor niemand zugetraut hätte.

Schließlich ergab es sich, dass durch eine notwendige Restrukturierung der hauseigene Werkzeugbau geschlossen werden musste, wobei der Betriebsrat die Übernahme von mindestens drei der zehn betroffenen Mitarbeiter ausgehandelt hatte. In der astrologischen Rasteranalyse sprangen mir gleich zwei Wassermänner des Jahrgangs 1962 ins Auge mit einer enormen Planetenballung in diesem Zeichen. In persönlichen Gesprächen entpuppte sich der eine schnell als extremer Widerspruchsgeist, mit dem es in der Vergangenheit auch regelmäßig Auseinandersetzungen gegeben hatte. Der andere war in seiner wilden Jugend als Punk um die Häuser gezogen und hatte deshalb keinen Schulabschluss. Durch eine mehr oder weniger unbeabsichtigte Familiengründung wurde er schließlich domestiziert und war als Hilfsarbeiter in die Firma gekommen. Durch seine schnelle Auffassungsgabe, seine eigenständige Arbeitsweise und seine pfiffigen Einfälle hatte er es bis zum stellvertretenden Abteilungsleiter des Werkzeugbaus gebracht. Privat hatte er sich über die Jahre ein umfassendes Wissen angeeignet und verdutzte mich in Gesprächen unter anderem mit Ausführungen über Molekularstrukturen und Nietzsche-Zitaten. Einen Versuch war es wert. So wurde er als Hilfsassistent in die Forschungsabteilung versetzt. Er blühte dort regelrecht auf und entwickelte bald eine enorme Motivation. Mittlerweile hat die Firma sogar ein Patent auf seinen Namen angemeldet.

Man sieht an diesem Beispiel, wie eine einfache Kollektivanalyse der Cluster und Lücken im Gruppenhoroskop entscheidende Hinweise auf das Problem geben kann und sich daraus effektive Lösungsansätze entwickeln lassen.

Fundamentaltypen

Die nächste Stufe der Kollektivanalyse sind die Fundamentaltypen. Der ewige Zyklus des Tierkreises ist in seinem Ablauf wohlgeordnet. Die einzelnen Zeichen stellen eine universelle Reihenfolge dar. Der Zyklus lässt sich auf sämtliche Prozesse des Weltwaltens anwenden, vom Wachstum einer Pflanze über das Leben eines Menschen bis zum Gang der Völker und Kulturen. Die einzelnen Tierkreisbereiche symbolisieren die verschiedenen Entwicklungsstadien dieses Universalzyklus. Und zwischen diesen Entwicklungsstadien bestehen Verbindungen im Wesen. Sie folgen einem Muster, welches durch Polarität, Element, Quadrant und Impuls geordnet ist. Aus diesen Kategorien bilden sich die astrologischen Fundamentaltypen:

Polaritäten

Die Zeichen des Tierkreises gleichen den Wellen des Meeres. Auf Wellenberg folgt Wellental. Aufbruch wechselt mit Rückzug, Expression mit Impression. Jedem Außen folgt ein Innen. Diese Bewegung teilt den Tierkreis in die Fundamentaltypen der Polarität: aktiv und passiv, extravertiert und introvertiert, erdflüchtig und erdsüchtig, ausstrahlend und festhaltend, zentrifugal und zentripetal, ausatmend und einatmend. In der einfachsten Form teilt sich der Tierkreis in Außentyp und Innentyp, welche einander Zeichen für Zeichen abwechseln.[15]

AUSSENTYP

Außentyp-Gruppen sind sehr aktiv. Sie drängen in die Sichtbarkeit des Raumes hinein. Sie expandieren, wollen ihr Umfeld gestalten und stellen dabei gerne den Führungsanspruch. Ihre Umwelt orientieren bis dominieren sie mit Worten und Taten. Sie sind extravertiert, stets in Bewegung und geräuschvoll. Sie nehmen Raum ein und erfüllen diesen mit ihrem Willen, ihren Worten und ihrem Wesen.

Innentyp-Gruppen hingegen tauschen die äußere Bewegung gegen die innere Bewegung. Nach außen hin mögen sie passiv erscheinen. Doch in Gedanken und Gefühlen laufen sie auf Hochtouren. Sie haben ein reiches Innenleben, welches eine gewisse Zurückhaltung im Außen bedingt. Auch ihre Arbeit ist eine innere. Sie können dabei genauso emsig und erfolgsorientiert sein wie die Außentypen mit ihrer weithin sichtbaren Geschäftigkeit. Doch im Gegensatz zu diesen treiben sie ihre Ziele ohne viel Spektakel voran.

Außentyp	**Innentyp**
extravertiert	introvertiert
aktiv	passiv
erdflüchtig	erdsüchtig
ausstrahlend	festhaltend
zentrifugal	zentripetal

♉
♋
♍
♏
♑
♓

Elemente

Außentyp und Innentyp differenzieren sich in jeweils einen gespannten und einen gelösten Typus, wodurch die vier Fundamentaltypen der Elemente entstehen: Feuer, Erde, Luft und Wasser. In der klassischen Temperamentenlehre entsprechen diese dem Choleriker, dem Melancholiker, dem Sanguiniker und dem Phlegmatiker. Diese vier Typen zählen zu den weitverbreitetsten Persönlichkeitsmodellen der Weltgeschichte. Bis heute leben sie unter modernen Zeitgeistmasken fort, beispielsweise in zahlreichen Modellen der Management-Diagnostik wie dem DISG®-Modell, dem 3D-Modell der Führung von Reddin, der Manager-Typologie von Maccoby und vielen mehr. Eine umfassende Darstellung dieser modernen Typologien findet sich in meinen Büchern „Über die magischen Praktiken des Managements" und „Prognostik 02: Zeichendeutung". Dort werden auch die Charaktere ausführlich beschrieben, sodass ich mich folgend auf einen kurzen Überblick beschränke.[16]

FEUER
Der Gestalter

Feuer-Gruppen sind expansiv. Sie wollen gestalten, erschaffen, etwas voranbringen. Sie drängen in den Raum hinein mit ihren Taten. Dabei dominieren sie ihre Umwelt und wollen diese nach ihrem Willen formen. Feuergruppen sind sehr dynamisch. Es geht an verschiedensten Fronten voran. Immer sind sie in Aktion.

ERDE
Der Verwalter

Erde-Gruppen sind realistisch und der Welt des Konkreten verbunden. Sie suchen das Handfeste, Greifbare, Stoffliche. Was die Feuerzeichen geschaffen haben, dass verirdlichen sie, machen es dingfest und nutzbar. Sie hüten den Schatz der Materie, ausdauernd, gewissenhaft und sorgsam. Verwertung und Verwaltung sind ihre Aufgaben.

Luft-Gruppen sind kommunikativ und sorgen für Austausch. Sie drängen in den Raum hinein mit ihren Worten und Gedanken. Sie vermitteln und ziehen eine geistige Ebene über die Dinge. Was die Erde verirdlicht hat, das verbreiten sie im Umraum. Vertrieb, Vermittlung und Kommunikation stehen im Fokus.

Wasser-Gruppen sind gefühlvoll. Empfindungen und Emotionen, das Soziale und das Menschliche stehen im Mittelpunkt. Was die Luft verbreitet hat, das nehmen sie in sich auf, um es zu innerem Erleben zu verwandeln. So entsteht das innere Fließen des Seelenlebens. Und was das Wasser in sich ausbrütet, das wird dann wiederum im Feuer geboren und durch Taten in den Raum gebracht.

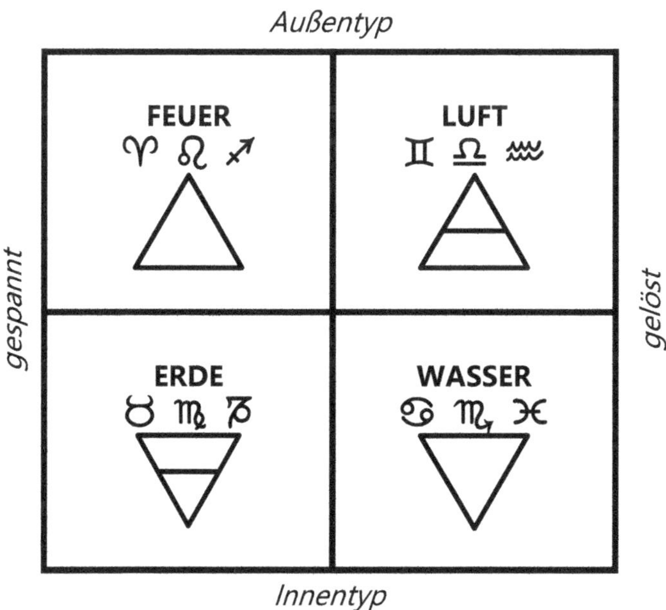

Quadranten

Elemente und Polaritäten sind die wohl populärsten Fundamentaltypen der Astrologie. Weit weniger beachtet, aber mindestens ebenso prägend sind die Quadranten. Diese teilen den Tierkreis in vier Daseinsbereiche, ausgehend von den Fixpunkten der Tag- und Nachtgleichen (0° Widder – 0° Waage) und den Sonnenwenden (0° Krebs – 0° Steinbock). Die Quadranten gliedern den universellen Zyklus des Tierkreises in vier Phasen, analog zu den vier Jahreszeiten Frühling, Sommer, Herbst und Winter. Sie entsprechen den vier aufeinander aufbauenden Daseinsebenen Materie, Leben, Geist und Welt.
In der Perspektive der Kausalität beginnt das Dasein mit der Materie, welche aus dem Urknall heraus in die Sichtbarkeit geschleudert wird. Erreicht diese irgendwann ausreichende Komplexität, so entsteht aus den filigranen Prozessen der Materie schließlich das Leben als eigenständige Daseinsschicht. Das Leben entwickelt aus seinen Trieben heraus zunehmend Bewusstsein, sodass es irgendwann zu denken beginnt und der Geist entsteht. Und schließlich gibt es jenen Bereich, welcher mit dem Geist nicht mehr vollständig erfasst werden kann, das überpersönliche, außersubjektive Weltwalten.
In der Perspektive der Finalität (Teleologie) findet diese Entwicklung gleichzeitig rückwärts statt, aus dem Außersubjektiven heraus in den Geist, von dort in die Tat (Leben) und schließlich in die materiell greifbare Konsequenz (Materie).

So wird in der teleologischen Perspektive z.B. aus einer Eingebung (IV) der Gedanke ein Bild zu malen (III). Man greift zum Pinsel und malt (II), wodurch schließlich auf der Leinwand ein Bild entsteht (I). In der Perspektive der Kausalität gibt es Leinwand und Pinsel (I), welche der Maler ergreift, um zu malen (II). Der Vorgang des Malens wird zu einem geistig fassbaren Bild (III), welches schließlich in die außersubjektive Welt hinausentlassen wird (IV). Wir sehen an diesem einfachen Beispiel, dass beide Wege gleichzeitig passieren.[17]

Ist nun einer der Quadranten besonders stark von Planeten besetzt, so ist die Gruppe vornehmlich in diesem Bereich, in dieser Daseinsschicht aktiv. Eine Gruppe mit Dominanz des Materie-Quadranten wird sich die Welt vor allem aus kausalistischer Perspektive erklären. Eine Gruppe mit Dominanz des IV. Quadranten hingegen wird die Welt eher aus der teleologischen Perspektive der Zweckursachen betrachten.

Materie-Gruppen agieren vornehmlich im stofflichen Raum. Ihr Fokus sind die konkreten irdischen Formen. Sie wollen sich den Raum untertan machen, indem sie ihn erkunden, absichern und seine mechanisch-funktionellen Möglichkeiten ausloten. Vorherrschend ist der Trieb, sich die materialistische Welt einzuverleiben und sich ihrer Kausalhebel zu bedienen.

Im Widder stürmen die Materiepartikel energiegeladen in den Raum hinein, in die Sichtbarkeit, ins Konkrete. Sie sind noch ungeordnet und müssen erst durch Versuch und Irrtum ihre Richtung finden und den Raum erobern, mit ihrer Energie erfüllen.

Im Stier wird die Materie geordnet, zu festen Formen verdichtet. Die Dinge werden stabilisiert. Das vom Widder Eroberte wird abgesichert, in Speichern und Depots gesammelt und aufbewahrt. Es erfolgt die Bildung von Zellen und Organen, welche den Dingen ihre dauerhafte irdische Form verleihen.

Die Zwillinge schließlich stehen für die Funktionsvielfalt dieser irdischen Formen, für die Eigenschaften des Materials. Sie legen die Nervenbahnen, um Bewegung in die Materie zu bringen. Ist der Stier die Struktur der Materie, so sind die Zwillinge die Prozesse, welche darin ablaufen, flexibel, flink und geschmeidig, feingliedrig und differenziert.

II. QUADRANT
Leben

Wenn die Materie in ihren Prozessen und Abläufen derart feingliedrig geworden ist, dass die Bewegung in den Raum hinein ihr Maximum erreicht hat, dann beginnt die innere Bewegung. Das Leben entsteht als eigenständige Daseinsebene. Im II. Quadranten geht es um Empfindungen und Emotionen, das subjektivistische Ausleben von Vitalität.

♋ Im Krebs beginnt das Leben mit Gefühlen, die aus der sinnlichen Wahrnehmung immer mehr in das Innenleben der Empfindungen übergehen. Eindrücke werden seelisch-emotional gesammelt und verarbeitet.

♌ Im Löwen erreichen die gesammelten Eindrücke genug Selbstsicherheit, um sie emotional auszudrücken. Expression der eigenen Individualität, das Erschaffen, Gestalten und Beherrschen von Erlebniswelten stehen im Vordergrund.

♍ In der Jungfrau wird der eigene Subjektivismus schließlich an die Außenwelt angepasst, um die Umweltbedingungen optimal für das eigene Leben nutzen und verwerten zu können. Hier entsteht eine detailreiche Analytik als Vorbereitung für den Geist des III. Quadranten.

III. QUADRANT
Geist

Aus der Analytik der Jungfrau bildet sich schließlich das Bewusstsein von der Außenwelt. Der geistige Raum entsteht, die Welt der Gedanken, Vorstellungen und Konzepte, welche versuchen, das Dasein mit dem Kopf zu erfassen und mit abstrakten Begriffen abzubilden und zu verstehen. Im III. Quadranten wird die Welt zum Bild, welches vermittelt und übertragen werden kann.

In der Waage entsteht die Sphäre der Gedanken durch die Begegnung mit dem Du. Im Austausch mit anderen bilden sich Kommunikation und Sprache. In dieser Vielfalt von Gedanken sucht die Waage nach harmonischem Ausgleich und Arrangement.

Im Skorpion gerinnen die vielfältigen Gedankenbilder zu fixen Vorstellungen, zu Konzepten und Denkmodellen, welche die Welt geistig abbilden und konservieren wollen.

Der Schütze schließlich sucht nach dem höheren Sinn hinter den geistigen Fixierungen und strebt nach Einsicht in übergeordnete Zusammenhänge.

Die übergeordneten Zusammenhänge, das überpersönliche, außersubjektive Weltwalten befindet sich im IV. Quadranten. Hier werden die Gesetze der Welt geschmiedet und aus dem weißen Rauschen des Verborgenen die neuen Ideen des Morgens geboren.

IV. QUADRANT
Welt

Im Steinbock wird die dauerhafte Struktur der Welt mit Gesetzen bestimmt, mit Naturgesetzen ebenso wie mit den Normen und Regeln der gesellschaftlichen Tradition.

Im Wassermann werden diese Strukturen überwunden, erneuert und erweitert durch Innovation, Evolution und Revolution.

Die Fische schließlich sind die zeitlose Ursuppe, das große Meer des Verborgenen, in das wir hineinforschen, aus dem wir herauserfinden und in welches wir schließlich wieder hineinvergessen mit Träumen und Visionen.

Impulse

Die vier Quadranten folgen also stets einem Dreischritt: Das erste Zeichen bringt einen abrupten Aufbruch in einen neuen Kontinent. Durch Versuch und Irrtum muss erst die Richtung gefunden und der neue Kontinent erkundet werden. Im mittleren Zeichen stabilisiert sich die Situation und das Erreichte wird abgesichert und zu einem festen Gebilde geballt. Das letzte Zeichen schließlich löst das Gebilde wieder auf und macht es beweglich und wieder aufnahmefähig für Neues.
Dieser Dreischritt bildet einen weiteren Fundamentaltyp: den Impuls. Während die vier Elemente den Charakter, das Temperament einer Gruppe definieren, zeigt der Impuls, auf welche Art und Weise das Naturell ausagiert wird. Agieren sie abrupt und impulsiv, beharrlich und stetig oder geschmeidig-beweglich?

Kardinale Gruppen initiieren Neues, sind Pioniere und Vorreiter. Was sie beginnen das bringen sie häufig nicht zu Ende, denn dafür sind andere zuständig. Dafür geben sie die Stoßrichtung vor.
Kardinale Gruppen entfalten schubweise eine enorme Energie. Wie bei einer Rakete geht ihnen aber bald die Puste aus. Sie verlieren das Interesse und wenden sich anderen Dingen zu, wo sie abermals mit voller Energie Anschub leisten. Hindernisse werden zuerst gerammt. Wenn das nichts hilft, dann werden die Hindernisse umsprungen.

♈
♋
♎
♑

Der Widder initiiert materielle Prozesse, der Krebs seelische. Die Waage initiiert den geistigen Austausch. Und der Steinbock initiiert die Struktur der Welt durch Regeln und Gesetze.

Fixe Gruppen sind stabil und dauerhaft. Sie verdichten und geben den Dingen Substanz. Was die kardinalen Gruppen begonnen haben, wird hier fixiert, in eine feste Form gebracht. Sie bilden ein Bollwerk, welches den Veränderungen von draußen standhält, gegen äußere Einflüsse besteht. Hindernisse werden mit massiver und stetiger Kraft aus dem Weg geschoben.

Der Stier sichert und bewahrt die Materie. Der Löwe bündelt die Kraft des Lebens und erschafft daraus ein beständiges Reich. Der Skorpion bindet das Geistige, macht es zu fixen Vorstellungen und Denkmodellen. Der Wassermann versammelt Freunde und Gesinnungsgenossen um neue Ideen herum.

♉
♌
♏
♒

Bewegliche Gruppen schließlich lösen das in den fixen Gruppen Verdichtete wieder auf und bringen es in Bewegung. Sie machen es flexibel, damit es wieder offen für Veränderungen wird. Sie schaffen damit eine Brücke vom eigenen Quadranten hin zum nächsten Quadranten, eine Zone erhöhter Aktivität, in der emsig an den Nachbarsquadranten angedockt wird. Sie verwandeln den Quadranten. Hindernisse werden elegant umschifft in unablässiger geschmeidiger Bewegung.

Die Zwillinge lösen die Verkrustung der Materie in ihre Funktion auf, machen sie leichtfüßig. Die Jungfrau lockert den Subjektivismus des Lebens, um diesen an die Umwelt anzupassen. Der Schütze lockert die Fixierungen des Geistes, um seine Vorstellungen in die Welt hinauszutragen. Und die Fische lösen die Gesetze der Welt auf, um das Entstehen neuer Welten zu ermöglichen.

♊
♍
♐
♓

Die Mangeltypen

In einem Horoskop sind nicht nur die stark betonten Fundamentaltypen wichtig. Genauso relevant können jene Typen sein, welche leer oder kaum besetzt sind. Wenn einer Gruppe ein oder mehrere dieser Fundamentaltypen fehlen, so spreche ich von Mangeltypen. Die Mangeltypen zeigen an, was der Gruppe zum Ausgleich fehlt, um vollständig zu werden. Sie offenbaren die toten Winkel der Gruppe, jene Bereiche, für welche sie keinen Draht, keine Sensoren hat.
Inhaltlich werden die Mangeltypen gleich gedeutet wie die Lücken. Beide unterscheiden sich lediglich durch ihre Verortung im Koordinatensystem des Tierkreises. Lücken können über Zeichen- und Quadrantengrenzen hinausgehen, während Mangeltypen sich über die verschiedenen Fundamentaltypen der Zeichen definieren. So kann eine Gruppe einen Mangel am Element Feuer haben, am III. Quadranten oder am kardinalen Impuls. Während die Lücken mit freiem Auge gut im Gruppenhoroskop erkennbar sind, erfordern die Mangeltypen etwas mehr Übung. Hier ist das im kommenden Kapitel vorgestellte Gewichtungsverfahren sehr hilfreich.

Mangeltypen werden dann besonders dominant, wenn keiner der Fundamentaltypen hervorsticht und die Verteilung der Planeten im Gruppenhoroskop sehr ausgewogen ist. Die Faktoren verteilen sich gleichmäßig z.B. über Quadranten und Impulse. Auch sind die Elemente Feuer, Luft und Wasser gleich verteilt. Lediglich das Element Erde ist im Gruppenhoroskop kaum vertreten. Dann ist der prägende Fundamentaltyp der Gruppe der Erde-Mangeltyp.

Der Ausgewogene Typ

Ganz selten kommt es schließlich vor, dass keiner der Fundamentaltypen besonders ausgeprägt ist oder fehlt. Alle Zeichen sind gleichermaßen besetzt. Dieser Fall ist der letzte Fundamentaltyp: der Ausgewogene.

Ausgewogene Gruppen sind vielseitig interessiert. Sie können überall ein wenig mitreden, doch bleibt die Beziehung zu den einzelnen Themen oft oberflächlich. Solche Gruppen wollen sich ungern festlegen. Lieber bleiben sie neutral und unverbindlich. Das kann sie zu farblosen Mitschwimmern mit wenig Eigenprofil machen. Die Positionierung ist unscharf, verwaschen. Im Idealfall machen solche Gruppen ihre Vielseitigkeit zur Stärke. Sie sind Verkehrsknotenpunkte für unterschiedlichste Themen und verknüpfen diese miteinander. Sie bilden Brücken. Dann können sie ausgezeichnete Generalisten sein.

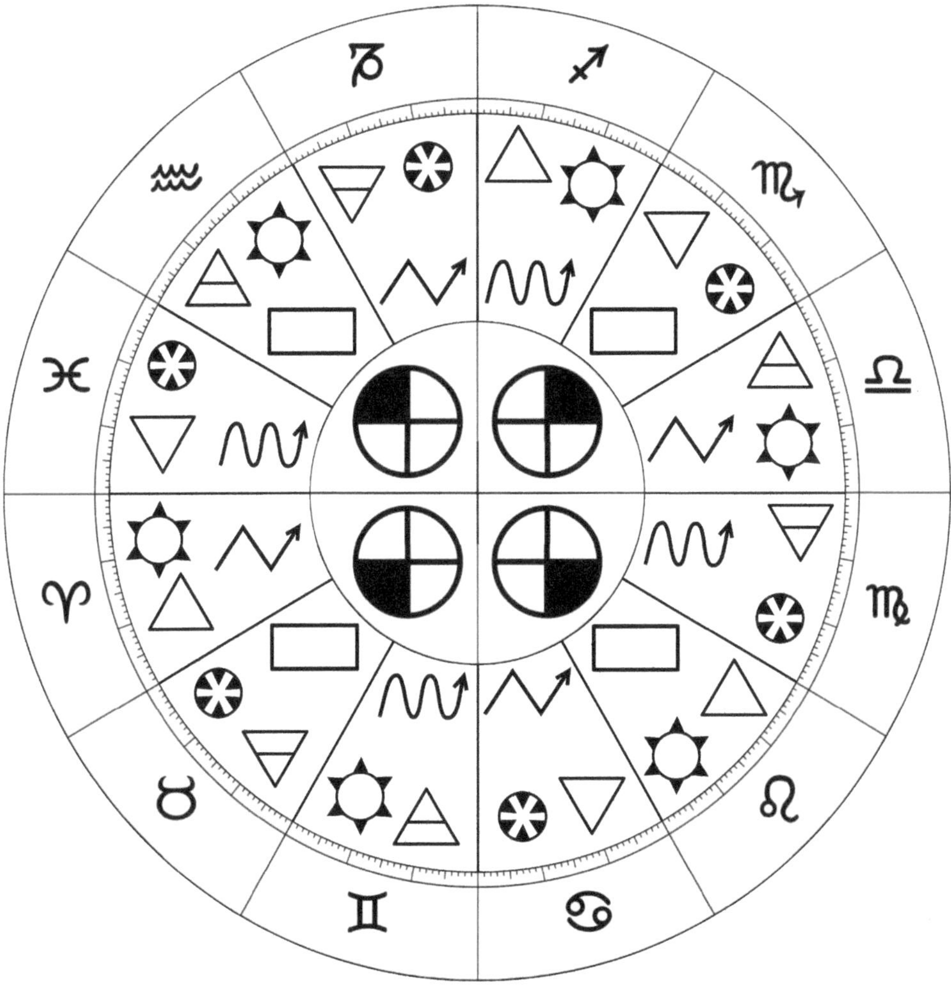

ZEICHEN	POLARITÄT	ELEMENT
♈ Widder	Außentyp	Feuer
♉ Stier	Innentyp	Erde
♊ Zwillinge	Außentyp	Luft
♋ Krebs	Innentyp	Wasser
♌ Löwe	Außentyp	Feuer
♍ Jungfrau	Innentyp	Erde
♎ Waage	Außentyp	Luft
♏ Skorpion	Innentyp	Wasser
♐ Schütze	Außentyp	Feuer
♑ Steinbock	Innentyp	Erde
♒ Wassermann	Außentyp	Luft
♓ Fische	Innentyp	Wasser

Die Fundamentaltypen des Tierkreises

QUADRANT	IMPULS	Element	Impuls	Quadrant
Materie	Kardinal	gestaltender	Initiator	der Materie
Materie	Fix	verwaltender	Stabilisator	der Materie
Materie	Beweg-lich	vermittelnder	Veränderer	der Materie
Leben	Kardinal	empfindender	Initiator	des Lebens
Leben	Fix	gestaltender	Stabilisator	des Lebens
Leben	Beweg-lich	verwaltender	Veränderer	des Lebens
Geist	Kardinal	vermittelnder	Initiator	des Geistes
Geist	Fix	empfindender	Stabilisator	des Geistes
Geist	Beweg-lich	gestaltender	Veränderer	des Geistes
Welt	Kardinal	verwaltender	Initiator	der Welt
Welt	Fix	vermittelnder	Stabilisator	der Welt
Welt	Beweg-lich	empfindender	Veränderer	der Welt

Die rechte Spalte in der Tabelle zeigt, wie sich aus der semantischen Kombination von Element, Impuls und Quadrant sehr treffende Kurzbeschreibungen der zwölf Tierkreiszeichen ergeben. Dabei definieren die Elemente das Eigenschaftswort: Feuer macht gestaltend, Erde verwaltend, Luft vermittelnd und Wasser empfindend. Der Impuls zeigt, ob es sich um einen Initiator, einen Stabilisator oder einen Veränderer handelt. Und der Quadrant gibt die bevorzugte Daseinsebene an: im I. Quadranten die Materie, im II. Quadranten das Leben, im III. Quadranten den Geist und im IV. Quadranten die Welt. So wird der Widder zum „gestaltenden Initiator der Materie" oder die Jungfrau zum „verwaltenden Veränderer des Lebens" als Kurzformel.

Das Gewichtungsverfahren

Zur Bestimmung der Fundamentaltypen eines Gruppenhoroskops wende ich ein Auszählverfahren an, bei dem die persönlichen Faktoren stärker gewichtet werden als die langsam laufenden Planeten. Für die Faktorengewichtung hat sich folgender Schlüssel bewährt:

BEREICH	FAKTOREN	GEWICHTUNG
Persönlichkeit	☉ AC MC	4 Punkte
Triebe	☽ ☿ ♀ ♂	3 Punkte
Gesellschaft	♃ ♄ ☊	2 Punkte
Generation	♅ ♆ ♇	1 Punkt

Parallel zu den so ermittelten Werten sollte man immer auch die absolute Anzahl der Faktoren in den verschiedenen Sektoren betrachten. Diese gibt wertvolle Zusatzinformationen. Auf der folgenden Seite finden sie ein Auswertungsschema, mit welchem sich die Werte der einzelnen Typen sehr schnell ermitteln lassen.

Im ersten Schritt werden hierzu in der oberen Matrix der Reihe nach die Werte von jedem der zwölf Tierkreiszeichen berechnet. Befinden sich im Widder des Gruppenhoroskops beispielsweise 2x ☉ und 1x ♃, so wird der Wert 10 (4+4+2) dort eingetragen.

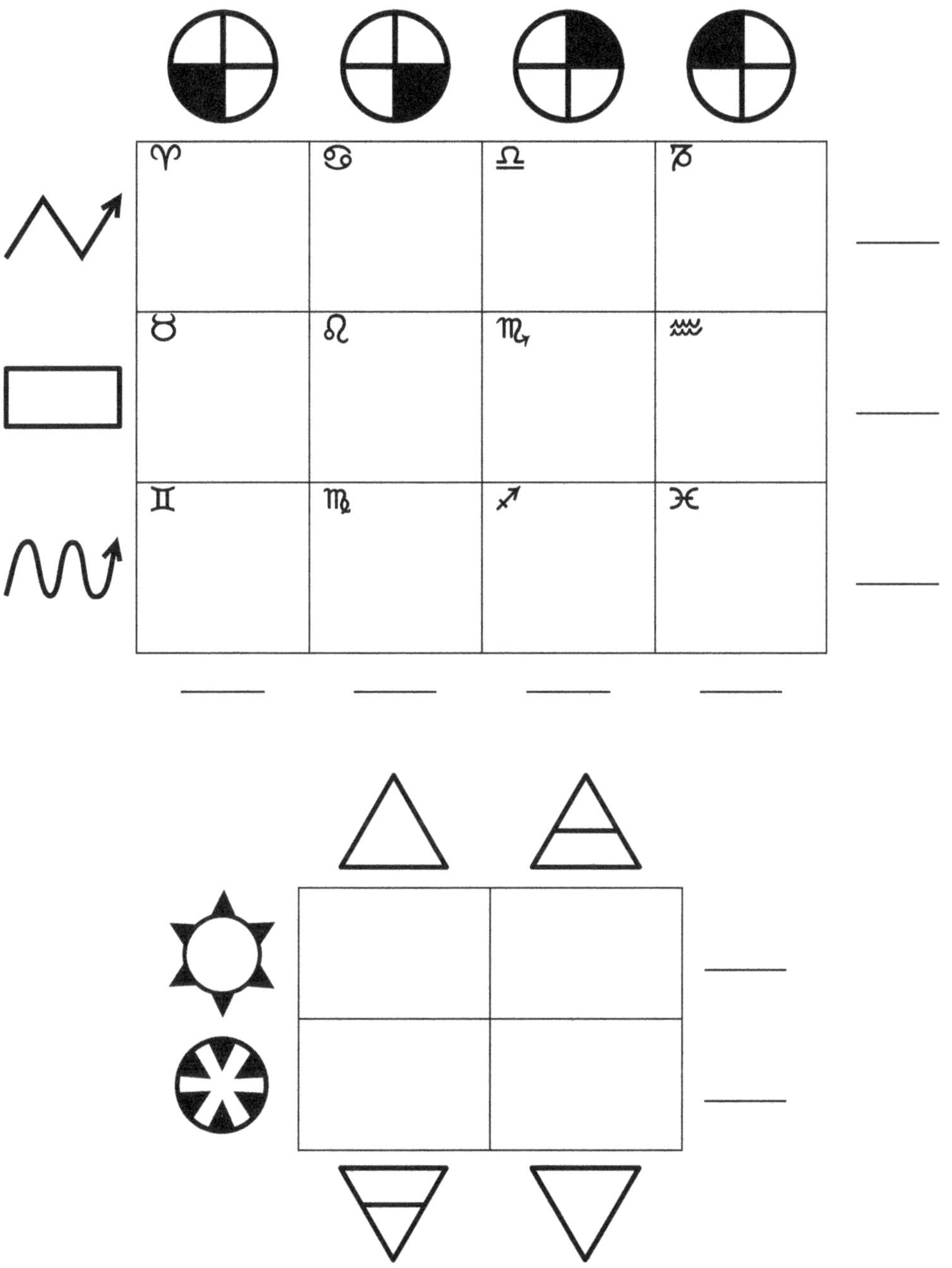

Auswertungsschema für Fundamentaltypen

Nachdem derart die Werte aller zwölf Zeichen berechnet sind, werden im zweiten Schritt die einzelnen Zeilen addiert und rechts die Summe für den Impuls (kardinal, fix, beweglich) eingetragen. Dann werden die Spalten addiert, um die Summen für die Quadranten zu erhalten.
Im dritten Schritt werden diagonal von links oben nach rechts unten die Zeichen der einzelnen Elemente addiert (z.B. ♈ + ♌ + ♐ = FEUER, etc.) und die Werte in der unteren Matrix eingetragen. Schließlich bildet man in der unteren Matrix die Summen der Zeilen, um die Werte für die Polaritäten zu erhalten. So lassen sich – auch ohne Computer – die Werte für die Fundamentaltypen einer Gruppe in wenigen Minuten ermitteln.

In der Deutung des Gruppenhoroskops sind nur jene Fundamentaltypen relevant, deren Werte weit über oder unter dem Durchschnitt liegen.[18] Dabei sind auch einzelne Tierkreiszeichen mit Extremwerten wichtig, wobei wir dann wieder beim Thema „Cluster und Lücken" sind. In der Regel ergeben sich durch die Extremwerte ein bis zwei Typen, welche die Gruppe entscheidend prägen und ihren allgemeinen Charakter definieren. Leichte Unterschiede der Werte sollten hingegen in der Deutung nicht beachtet werden (z.B. Feuer = 33, Erde = 39). Schließlich handelt es sich beim Gewichtungsverfahren um allgemeine Näherungswerte und nicht um objektive Messwerte, auch wenn die Autorität der Zahlen das oberflächlich suggerieren mag. So wäre z.B. bei einem Steinbock-Aszendenten der Saturn deutlich mehr als 2 Punkte wert. Selbiges gälte für einen Jupiter am MC. Doch selbst wenn man all diese Besonderheiten in einem komplexen Algorithmus berücksichtigen würde, wären die Werte dadurch nicht objektiver oder genauer, sondern nach wie vor nur Näherungen. Am Ende muss der erfahrene Astrologe selbst diese Werte mit Fingerspitzengefühl und Intuition abwägen und ein organisches Bedeutungsbild daraus kreieren. Insofern hat sich das vorgestellte Auswertungssystem am effektivsten in der Praxis bewährt, um die dominanten Fundamentaltypen einer Gruppe zu identifizieren.
Wie das in der Praxis aussieht, wollen wir uns anhand der legendären britischen Komikergruppe „Monty Python" ansehen:

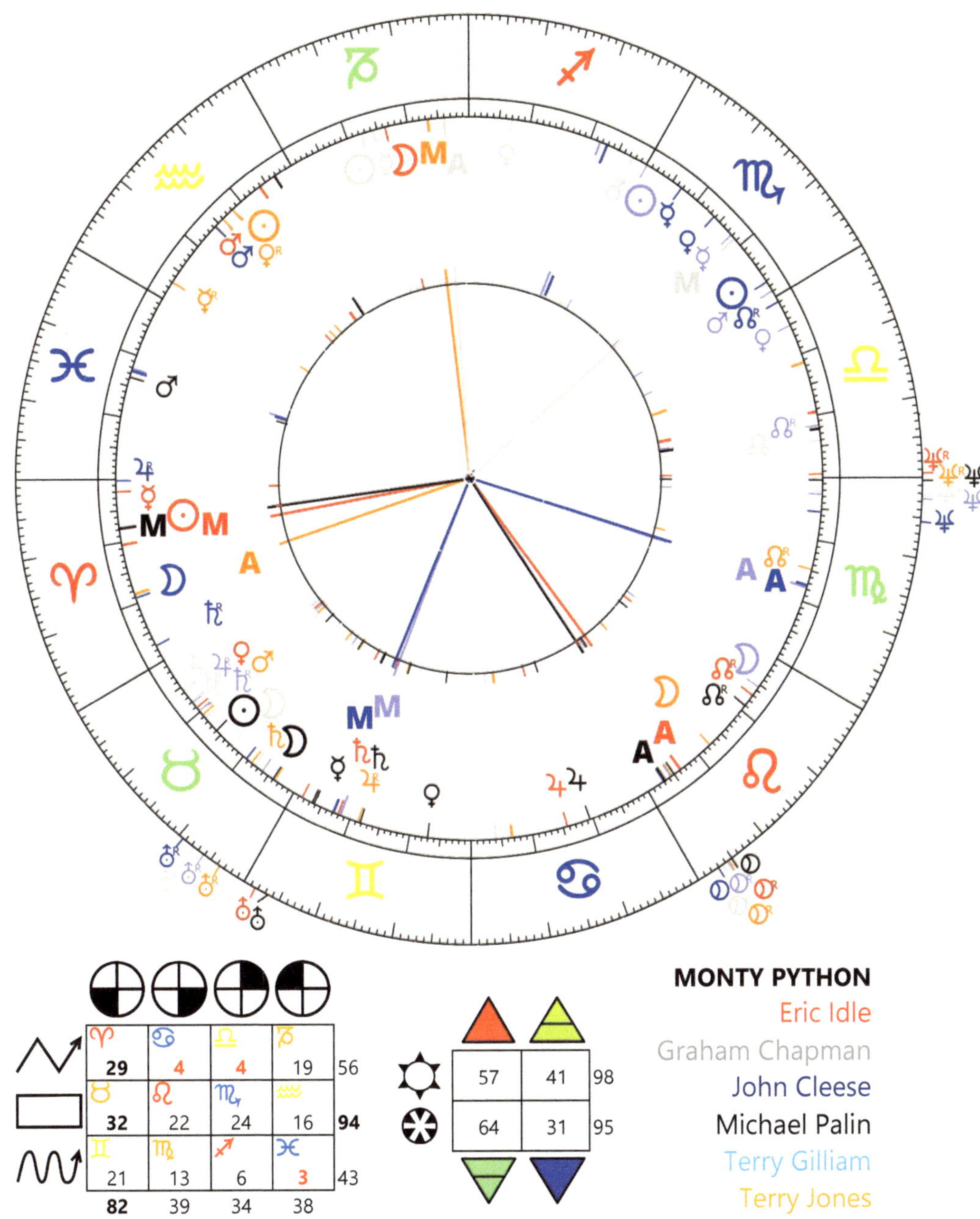

kardinal	♈ 29	♋ 4	♎ 4	♑ 19	56
fix	♉ 32	♌ 22	♏ 24	♒ 16	94
veränderlich	♊ 21	♍ 13	♐ 6	♓ 3	43
	82	39	34	38	

☼	57	41	98
✲	64	31	95

PRAXIS FUNDAMENTALTYPEN: MONTY PYTHON

Wohl kaum eine Gruppe hat das weltweite Verständnis von Humor derart nachhaltig geprägt wie die Briten von Monty Python. In den 1970er Jahren wurde ihre Sketch-TV-Show „Monty Python's Flying Circus" zur Ikone einer frechen, jungen Art von Comedy, welche komplett mit den herrschenden Humorkonventionen brach. So verzichten viele Sketche auf eine Abschluss-Pointe oder bestehen aus scheinbar zusammenhangslosen Aneinanderreihungen absurder Szenen. Darin ist häufig bissige Gesellschaftskritik versteckt, welche die biederen Alltagsgewohnheiten ihrer Zeit persifliert, das Sinnentleerte hinter Traditionen und Gebräuchen sichtbar macht.

Dominanz des Materie-Quadranten

Die meisten Sketche und Filme der Monty Pythons spielen in Alltagsszenerien: Wohnzimmer, Küche, Büro, Kneipe, dort wo sich normalerweise stets derselbe Herdentrott abspielt. Und so sehen wir im Gruppenhoroskop auch den Stier als dominantes Zeichen. Die Pervertierung dieser Alltagsszenerien ins Absurde wird durch die Generationenprägung des Stiers durch Uranus angezeigt. Durch Spiegelpunkte zum Pluto im Löwen wird dieser zudem mit dem Kippbild-Effekt aufgeladen: Situationen verkehren sich gerne ins Gegenteil dessen, was man allgemein erwartet. Etablierte Denkmodelle werden aufgesprengt.

Aber auch der Widder und die Zwillinge sind stattlich besetzt, sodass wir hier als ersten Fundamentaltypus den Materie-Quadranten betont haben. Die Gruppe widmet sich vornehmlich den Gewohnheiten und Abläufen der sichtbaren Welt, dem Trott der materiellen, sozialen und kommunikativen Routinen, den nüchternen Hebeln der Sozialmechanik.

Das zeigt sich bereits im berühmten Intro mit der altertümlichen Blasmusik und den dichten irdischen Cartoons, die sich steif und roboterhaft bewegen.

Dominanz der Fixen Zeichen

Der zweite dominante Fundamentaltypus sind die Fixen Zeichen, wobei neben dem Stier auch Skorpion und Löwe stark betont sind. Der Wassermann hingegen ist nur durchschnittlich besetzt. Hier spiegelt sich der etwas behäbige bis schwerfällige Gesamt-Habitus der Gruppe. Die Komik entsteht oft durch endloses Wiederholen derselben Sätze oder Bewegungen, durch das Verhaftetsein der Figuren in ihren steifen Gewohnheiten, durch ihre Halsstarrigkeit und ihr Beharren auf persönlichen Subjektivismen, durch ihre Verstrickungen in dichte Denkkorsette. Sie kommen nicht vom Fleck, können ihren selbstgemachten Denk- oder Verhaltensschleifen nicht entkommen.

DIE ROLLENVERTEILUNG

Die Kollektivanalyse zeigt die Gruppe als Gesamtheit. Die einzelnen Mitglieder sind hier in erster Linie Bausteine der Gruppe. Sie verleihen ihr Gestalt wie Zellen, die gemeinsam einen Körper bilden.
In der zweiten Stufe des Deutungssystems treten nun die Individuen mit ihren Persönlichkeiten in Erscheinung. Es werden ihre Positionen analysiert, die Rollen, welche diese innerhalb der Gruppe einnehmen. Wir tauchen ein in den Mikrokosmos der Gruppe. Wer übernimmt welche Funktionen? Wer positioniert sich im Zentrum der Herde, wer als Außenseiter? Wie werden die verschiedenen Gruppenbereiche von den einzelnen Mitgliedern besetzt?

Um die Rollenverteilung der Mitglieder innerhalb der Gruppe zu analysieren, gibt es mehrere Herangehensweisen. Der erste Methodenkreis umfasst die verschiedenen Formen der Planetenstands-Analyse. Wo sind die jeweiligen Sonnen, die jeweiligen Monde, die jeweiligen Merkure und so fort positioniert? So erlangt man schnell einen Überblick darüber, wie sich die einzelnen Mitglieder mit ihrem Verhalten, mit ihren Gefühlen, mit ihrem Bewegungstrieb und so fort im Gruppenkontext positionieren.
Der zweite Ansatz ist die Zeichenbesetzung. Man betrachtet systematisch die einzelnen Bereiche der Gruppe, symbolisiert durch die einzelnen Tierkreiszeichen. Wer gehört zu den Vorreitern, zu den Absicherern oder zu den Funktionalisten der Gruppe? Und welche Rolle spielen die Mitglieder in den jeweiligen Bereichen?

Mit diesen Methoden erlangt man systematisch einen klaren Überblick über die komplexe Struktur des Gruppenhoroskops. Dieser Schritt ist wichtige Voraussetzung für die nachfolgende Analyse der Gruppendynamikprozesse. Denn nur wenn man die Rollenverteilung der Mitglieder eingehend erfasst hat, kann man auch die daraus folgenden Interaktionsmuster nachvollziehen.

Sonnenstands-Analyse

Der erste Schritt ist die Sonnenstands-Analyse. Die Sonne enthält 99,86% der gesamten Masse des Sonnensystems. Sie ist sein Zentrum. Alle anderen Planeten und Planetoiden kreisen um sie. Insofern hält die Sonne auch im Horoskop eine Sonderstellung inne. Sie repräsentiert den Wesenskern, ist Herz und Zentrum des Horoskops. Sie steht für die Ausstrahlung, das Verhalten und Gestalten, die Lebenskraft. Die Sonne ist der zentrale astrologische Faktor.

Die Trivialastrologie aus Zeitungshoroskopen oder Esotainment-TV fokussiert sich ausschließlich auf die Sonne, vulgo das „Sternzeichen". Was erwartet die Widder, die Stiere oder die Zwillinge nächste Woche in Liebe, Gesundheit und Beruf? Diese Reduktion der Astrologie auf die zwölf Sternzeichen hat die Sternenschau im Unterhaltungsbereich erst so richtig populär gemacht. Als Gegenbewegung wird die Sonne in der „seriösen" Astrologie häufig unterbewertet. Man will sich deutlich vom Reduktionismus der Sternzeichen abgrenzen. So wird die Sonne relativiert und als nur ein Faktor unter vielen abgetan. Die Sternzeichen gelten als vereinfachend und verkürzend. Dabei wird oft übersehen, dass die Sonne auch in der vielschichtigen Komplexität eines Horoskops der dominante Faktor ist, welcher die Persönlichkeit prägt. Und so zeigen die Sonnen auch im Gruppenhoroskop mehr als alles andere die Wesenskerne der einzelnen Mitglieder an.
Die Sonnenstands-Analyse offenbart die tragenden Säulen in der Gruppenstruktur. Wo positionieren sich die einzelnen Mitglieder mit ihren Persönlichkeiten? Welche tragenden Rollen nehmen sie ein? Wo strahlen und gestalten sie mit ihrer Individualität?

Wie die Sonnenstands-Analyse praktisch funktioniert, zeigt folgendes Beispiel aus der bekannten TV-Serie „Raumschiff Enterprise". Denn gerade in der Schauspielerei ist die Sonne der alles überstrahlende Faktor, welcher die Eigenart von Rollen definiert. Wir betrachten das Gruppenhoroskop der Original-Crew.

PRAXIS SONNENSTANDS-ANALYSE: DIE STAR TREK CREW

Im Gruppenhoroskop sehen wir die sieben Schauspieler, welche in der Crew des Raumschiffs Enterprise die Hauptrollen spielen. Für die bessere Übersicht werden die Personen im Folgenden nach ihren Filmcharakteren benannt: Kirk (William Shatner), Spock (Leonard Nimoy), McCoy (DeForrest Kelley), Scotty (James Doohan), Uhura (Nichelle Nichols), Sulu (George Takei) und Chekov (Walter Koenig). Für all diese Schauspieler waren die Enterprise-Charaktere die Rolle ihres Lebens. Sie legten sich wie eine zweite Haut über ihre Person. Das zeigt sich auch in der Tatsache, dass die Geburtstage ihrer Filmcharaktere mit ihren privaten Geburtstagen identisch sind (z.B. William Shatner 22.03.1931 – James T. Kirk 22.03.2228) Das Gruppenhoroskop der Schauspieler zeigt deshalb sehr gut die Verhältnisse innerhalb der Crew.

Die Sonnenstände

Die individuellen Rollenschwerpunkte werden durch die Sonnen angezeigt. Die Pioniere und Vorreiter der Crew sind Kirk und Spock mit ihren Sonnen Anfang Widder. Wann immer jemand auf einen neuen Planeten gebeamt wird, sind sie vorn dabei und führen den Stoßtrupp an. Alle Initiative geht von ihnen aus. Dabei sind sie stets die Ersten, die in den abenteuerlichen Herausforderungen neue Wege gehen und Lösungen ausprobieren, als Impulsgeber fungieren.

Steuermann Sulu mit der Sonne auf 0° Stier bleibt meistens an Bord, um das Revier zu bewachen. Navigator Chekov mit seiner Jungfrau-Sonne ist gleichzeitig Sicherheitsbeauftragter. Lieutenant Uhura mit ihrer frühen Steinbock-Sonne sitzt immer brav und ordentlich auf der Brücke und empfängt Funksignale. Die Sonnen von Sulu, Chekov und Uhura bilden gemeinsam ein großes Erd-Trigon. Sie sind die zuverlässigen Stützpfeiler der Crew, das stabile Fundament, welches die Aktionen der beiden Widder Kirk und Spock tatkräftig unterstützt.

Chefarzt Dr. McCoy kennzeichnet die typische Systemverdrossenheit und spröde Ironie des 29° Steinbock. Gerne lehnt er sich gegen Regeln und Direktiven auf, bleibt dann aber doch im System stecken und erfüllt seine Funktion.

Und Chefingenieur Scotty mit seiner Fische-Sonne ist der geniale Tüftler im Hintergrund, der stets technische Wunder vollbringen kann und gerne seinem Lieblingsgetränk Scotch Whisky huldigt.

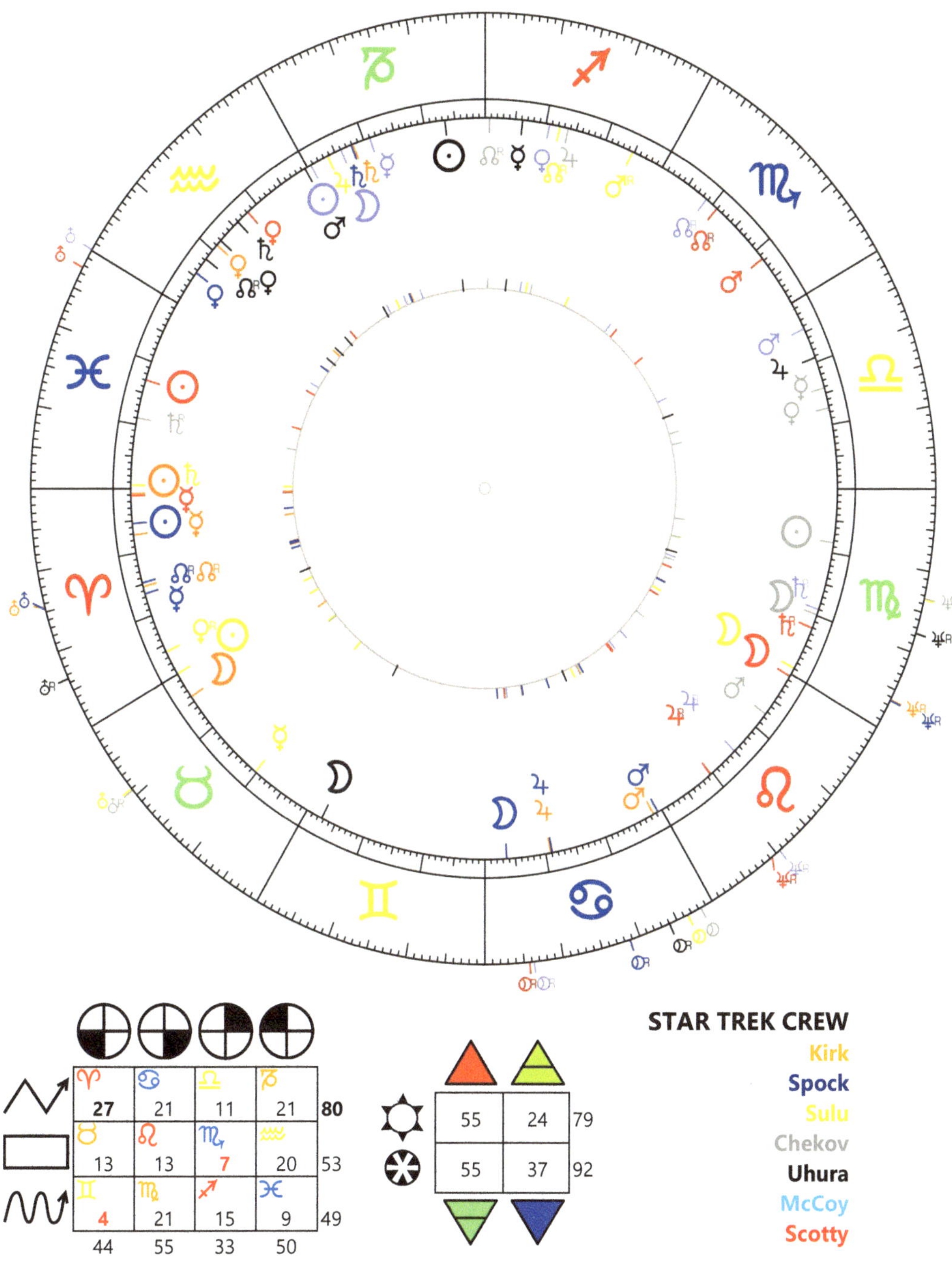

27
21
11
21
80
13
13
7
20
53
4
21
15
9
49
44
55
33
50
55
24
79
55
37
92
STAR TREK CREW
Kirk
Spock
Sulu
Chekov
Uhura
McCoy
Scotty

Die Planetenfelder

Wir sehen an diesem Beispiel, wie treffend allein der Sonnenstand die Rollenverteilung innerhalb der Crew beschreibt. Um die individuellen Positionierungen zu verfeinern, betrachten wir der Reihe nach die anderen Horoskopfaktoren. Aszendent, Meridian und die Planeten der Mitglieder spannen jeweils ein Feld, welches die verschiedenen Wesenskräfte der Gruppe symbolisiert. Diese Planetenfelder zeigen die Antriebsstruktur des Kollektivs in verschiedenen Bereichen. So zeigt das Mondfeld der Gruppe die Anordnung ihrer Gefühle und Stimmungen, das Marsfeld ihre Antriebskraft oder das Meridianfeld ihre Ziele. Diese Felder sind die bewegenden Prinzipien im Horoskop, die Energien, welche den Tierkreis zum Leben erwecken. Jedes Faktorenfeld offenbart dabei die Gruppenstruktur einer dieser Energien.

Persönlichkeit

Aszendent und Meridian verorten das Horoskop im Raum. Sie definieren die Fixpunkte des Häuserkreises und zeigen, in welcher Position sich der Tierkreis im Verhältnis zur Erde befindet. Aufgrund der Erdrotation bewegt sich dieser einmal pro Tag durch den gesamten Häuserkreis. Minute für Minute schiebt er sich durch den Häuserkreis voran. So zeigen Aszendent und Meridian die individuelle Verankerung des Horoskops im kosmischen Gefüge. Sie geben den astrologischen Himmelskonstellationen ihre individuelle Bedeutung. Insofern sind sie die persönlichsten Faktoren im Horoskop. Sie definieren unseren Platz im Kosmos.

Gemeinsam mit der Sonne bilden Aszendent und Meridian das Grundgerüst unserer ureigenen Persönlichkeit. Der Mond übernimmt eine Brückenfunktion zwischen der Persönlichkeit und den Trieben. In ihm sammeln sich die reaktiv-organischen Triebe als Gefühle und Empfindungen. Sie erhalten dort ihre subjektive Interpretation und Bedeutung, welche der Sonne die Grundlage ihres persönlichen Verhaltens bieten.

Ac

ASZENDENT

Die Horizontachse Aszendent-Deszendent ist die Landschaft, in welcher das Horoskop verankert ist. Dabei steht der Aszendent für sein persönliches Auftreten in dieser Landschaft, seine Erscheinung nach außen. Der Deszendent steht für seine Begegnungen, für alles was von außen hereinkommt und dadurch das persönliche Auftreten spiegelt und darauf reagiert.

das Auftreten im Raum, die Landschaft, das Außen, Milieu und Ambiente, Umgebung und Umwelt, Umraum und Umfeld

Mc

MERIDIAN

Die Vertikalachse läuft vom Imum zum Medium Coeli, von der Himmelstiefe zum höchsten Punkt des Himmels, an welchem die Planeten ihren höchsten Stand am Firmament erreichen. Der Meridian (im Horoskop identisch mit MC bzw. Medium Coeli) steht für die Ziele im Leben, das Leitprogramm im Kopf, welches unsere Handlungen führt. Der IC bildet dafür die Wurzeln, die notwendige Basis. Gemeinsam stehen sie für die Pole Herkunft – Zukunft und Bauch – Kopf.

das Leitprogramm im Kopf, Ziele und Berufung, Richtung, Auftrag, Bestimmung

SONNE

Die Sonne ist das Zentrum des Horoskops, sein Herz und sein Wesenskern, aus dem die Lebenskraft herausstrahlt. Sie zeugt das Verhalten und Gestalten, den subjektiven Selbstausdruck und die Schaffenskraft. Sie ist das Kernkraftwerk der Persönlichkeit.

Triebe

Die Persönlichkeit wird bewegt von den Trieben. Sie sind unsere vegetative Reaktion auf das Treiben des Alltags. Kurzfristig und nahe wie sie uns sind, werden sie von den erdnahen, schnellen Himmelskörpern symbolisiert: Mond, Merkur, Venus und Mars. Sie sind das Werkzeug unserer Persönlichkeit, die momentanen Wallungen des Willens, welche unsere Subjektivität in ihren täglichen Herausforderungen unterstützen und auf verschiedene Weisen an die Außenwelt ankoppeln.

MOND

Wie der Mond am Himmel jeden Abend woanders steht und permanent seine Größe ändert (vom Neumond zu Vollmond und wieder zurück), so wechselhaft und unstet sind auch unsere Stimmungen und Launen. Der Mond steht für unsere Gefühle und Empfindungen. Er ist das Sammelbecken von Wahrnehmungen und Eindrücken, aus welchem heraus die Subjektivität der Persönlichkeit geboren wird. Im Gruppenhoroskop zeigt das Mondfeld die emotionale Atmosphäre, das Klima in der Gruppe.

Merkur und Venus sind das Kleinbesteck der Sonne. Als innere Planeten können sie sich im Horoskop nie weiter als 28° (Merkur) bzw. 47° (Venus) von der Sonne entfernen. Wie Hündchen beim Spazierengehen mit ihrem Herrchen mal zurückbleiben und mal vorauslaufen, so umkreisen sie die Sonne und sind somit eng mit unserem Persönlichkeitskern verbunden.

MERKUR

Dabei ist Merkur für die Beweglichkeit zuständig: Vermittlung und Kommunikation, Analytik und Logik, Intellekt und mechanische Funktionalität. Er sorgt für das Krabbeln und Zappeln, für Wendigkeit und Finesse. Schnell und flink umkreist er die Dinge und bringt sie in Bewegung. Dabei bleibt er immer neutral und nimmt die Farbe der mit ihm verbundenen Faktoren an.

VENUS

Die Venus ist das soziale Schmieröl der Persönlichkeit. Sie ist der Thermostat, welcher den harmonischen Ausgleich mit der Umwelt sichern soll. Sie macht die Dinge komfortabel und wohltemperiert, verleiht Charme und Geschmeidigkeit. Ihr Prinzip ist die Anziehung, die Attraktion. Sie macht die Dinge schön und sorgt für Eleganz, Ästhetik und Bequemlichkeit.

MARS

Der Mars steht für unseren Antrieb. Er gibt uns Energie, Tatkraft und Durchsetzungsvermögen, ist unser Motor und Getriebe. Er dringt aktiv in den Raum hinein und will diesen erobern. Als äußerster der Triebplaneten bildet er die Brücke zum Gesellschaftsbereich, welcher mit Jupiter beginnt.

Gesellschaft

♃

JUPITER

Das Individuum ist eingebettet in die Gesellschaft. Es sucht darin sein Glück, möchte vorankommen und seinen Wirkungsbereich erweitern. Wann immer sich das Einfügen in die Gesellschaft fügt und man seine Horizonte expandiert, tritt der joviale Jupiter auf die Bühne. Er verbindet die Dinge im Großen, schafft Synthesen, integriert das eigene Streben in ein höheres Sinngefüge.

♄

SATURN

Dabei kann Jupiter nur das in die Gesellschaft fügen, was zuvor der strebsame Saturn in langer mühevoller Arbeit geschaffen hat. Saturn ist der Alte Weise, der Meister der Struktur. Er gibt den Dingen ihre dauerhafte Form, ihre Gesetzmäßigkeiten und Ordnungen. Er definiert, was in der Gesellschaft Bestand hat, die Standards und Bräuche der Tradition. Er schafft langfristige Sicherheiten, ist Anker und Richtschnur, Status Quo und Orientierung.

☊

MOND-KNOTEN

Bei all dem schart man Mitmenschen um sich, Freundeskreise, Cliquen und Clans, welche unser Umfeld prägen. Den Kontakt zu unseren Peer Groups stellt die Mondknotenachse her. Sie zeigt, in welchen Kontaktgeflechten wir verwurzelt sind (absteigender Mondknoten) und welchen sozialen Kontakten wir zustreben (aufsteigender Mondknoten).

Jupiter, Saturn und die Mondknotenachse verbinden uns mit der Gesellschaft. Sie definieren unser soziales Umfeld, innerhalb dessen wir unsere Persönlichkeit und unsere Triebe ausleben. Bis ins 18. Jahrhundert waren der technologische und soziale Fortschritt sehr langsam und innerhalb einer Generation kaum sichtbar. Deshalb waren bis zur Entdeckung von Uranus (1781) die Planeten bis Saturn ausreichend, um unsere Lebenswelt astrologisch zu beschreiben.
Im Gruppenhoroskop werden die Faktoren der Persönlichkeit, der Triebe und der Gesellschaft im Innenkreis eingetragen. Ihre Frequenz für einen Tierkreisumlauf beträgt bis zu 30 Jahre (Saturn). Dadurch können diese Faktoren innerhalb einer Generation grundsätzlich an jedem Ort des Tierkreises stehen. Die Faktorenverteilung inklusive Cluster, Lücken und Fundamentaltypen zeigt die Individualität der Gruppe.

Die Planeten ab Uranus hingegen haben eine Frequenz von 84 Jahren und mehr. Sie zeigen die großen kollektiven Entwicklungen an, die sogenannte Generationenprägung. Diese Faktoren befinden sich viele Jahre im selben Zeichen. Innerhalb einer Generation ändern sie kaum ihre Position. Diese Generationenebene zeigt, in welche großen Zeitgeistströmungen die Gruppenmitglieder hineingeboren wurden. Um im Gruppenhoroskop die Individualebene und die Generationenebene sauber zu trennen, werden die Generationenplaneten im Außenkreis eingetragen.
Bevor wir uns dieser Ebene widmen, wollen wir uns die Methode der Planetenfelder am Beispiel der Star Trek Crew ansehen.

PRAXIS PLANETENFELDER:
DIE STAR TREK CREW - Venusfeld und Jupiterfeld

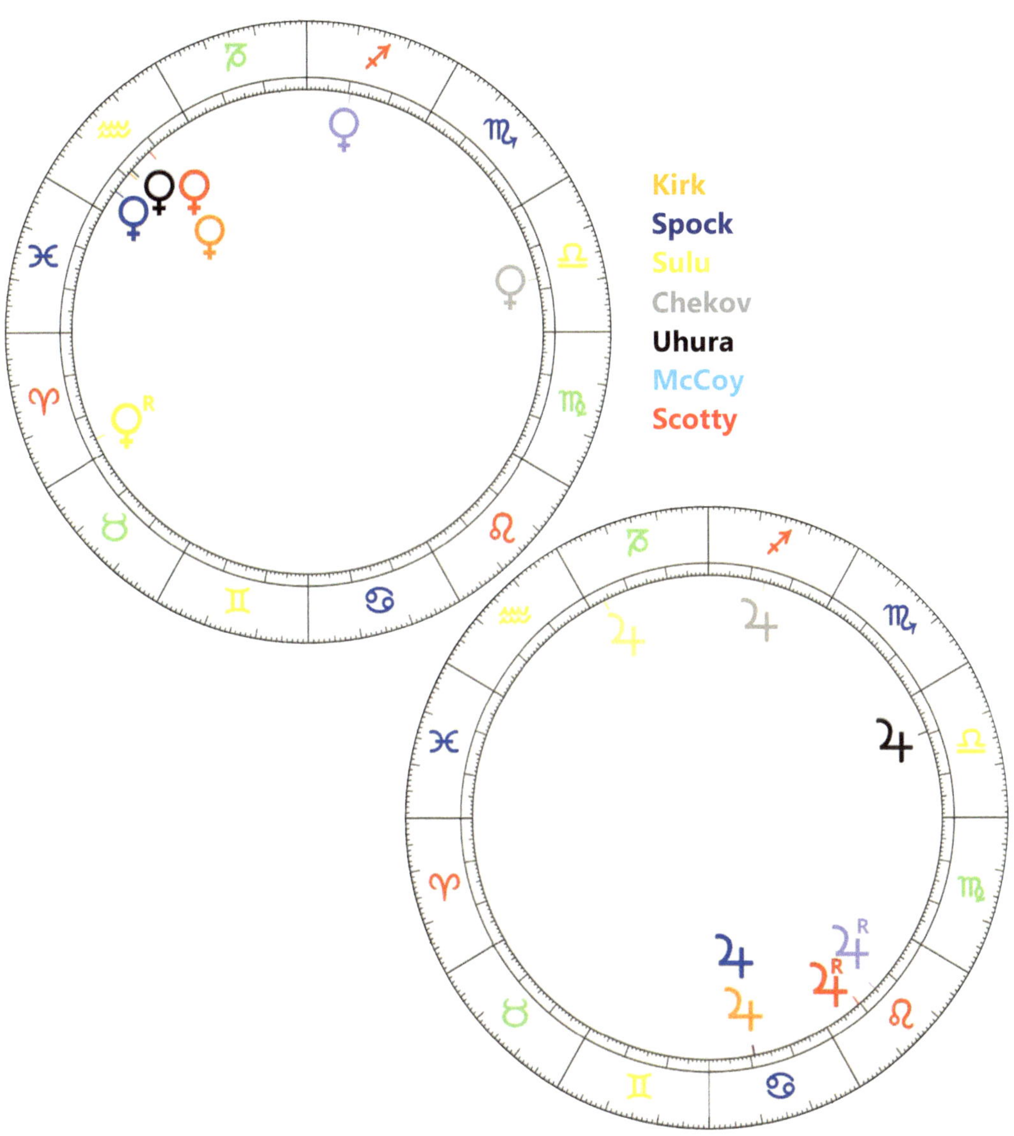

Das Venusfeld und das Jupiterfeld der Star Trek Crew

PRAXIS PLANETENFELDER: DIE STAR TREK CREW

Auf der vorigen Seite sehen wir exemplarisch die Planetenfelder der Venus und des Jupiters der Star Trek Crew. Als eigene Übung empfiehlt es sich, auch die Felder der anderen Planeten zu zeichnen und zu interpretieren. Im Anhang dieses Buches gibt es für diese Zwecke einen leeren Tierkreis samt Auswertungsschema der Fundamentaltypen, welcher kopiert und als Basis der eigenen Gruppenhoroskope genutzt werden kann. Alternativ erhalten Sie bei mir kostenlos ein PDF-Dossier mit allen GH-Vorlagen und Beispielen per E-Mail (siehe S. 8).

Das Venusfeld

Das Venusfeld zeigt, welche Schwerpunkte die Crew im sozialen Miteinander setzt und wie sie sich ästhetisch darstellt. Hier fällt sofort die Ballung von vier Venusen im Wassermann auf, geradezu symptomatisch für das Science Fiction Thema, die Abenteuer in neuen Welten, Grenzüberschreitung, Hightech und Weltraumflug. Die Crew findet einander als Brüder und Schwestern im Geiste, als Gesinnungsgenossen, die der Vision einer Föderation der Freiheit folgen. Dieser Venuscluster wird von Kirk, Spock, Scotty und Uhura gebildet.

Chefarzt Dr. McCoy stützt den Cluster im Sextil durch eine Schütze-Venus. Im sozialen Miteinander ist er der Philosoph der Menschlichkeit, der gerne die Sinnfrage stellt. Steuermann Sulu mit der Venus im Widder und Navigator Chekov mit der Venus in der Waage bilden gemeinsam ein sich perfekt ergänzendes Tandem, wobei der Waage-Navigator die taktische und der Widder-Steuermann die praktische Komponente abdeckt.

Das gesamte Venusfeld spannt sich ausschließlich über die aktiven Zeichen der Nordkuppel und findet dadurch ein sehr harmonisches und zudem tatenfreudiges Gleichgewicht durch eine Opposition und mehrere Trigone und Sextile.

Das Jupiterfeld

Das Jupiterfeld zeigt den Expansionstrieb der Crew. Hier sehen wir bei den Führungskräften Kirk, Spock, McCoy und Scotty eine starke Dominanz des Lebensquadranten. Ihnen geht es bei der Ausbreitung in den Weltenraum primär um das Menschliche. Sie wollen fremdes Leben in seiner Individualität erfahren und sind bereit, dieses so zu respektieren wie es ist. Das zeigt sich auch in ihrem menschenorientierten Führungsstil. Jeder soll sich nach seiner

Begabung einbringen und Gestaltungsspielraum erhalten.

Im Expansionsverhalten der Crew ist Kommunikationsoffizierin Uhura vor allem für die Kontaktaufnahme zuständig mit ihrem Jupiter in der Waage, für die Kommunikation mit dem Du. Das Tandem Sulu und Chekov ergänzt sich auch hier perfekt. Chekov mit seinem Jupiter im Schützen gibt die Expansionsrichtung vor. Er fügt das Raumschiff geschmeidig in den Raum hinein und bringt es auf Kurs. Sulu mit dem Jupiter im Steinbock setzt diesen zuverlässig und präzise um. Er bildet das solide Rückgrat des Jupiterfeldes und repräsentiert somit die kultivierte Variante eines Jupiters im Fall.

Die Generationenprägung

Schließlich ist jeder Mensch stark beeinflusst von den Moden, Trends und Zeitgeistern, in welche er hineingeboren wurde. Die Generationenprägung wird symbolisiert von Uranus, Neptun und Pluto, sowie von diversen langsamlaufenden Planetoiden wie Eris, Orkus, Makemake, Haumea oder Sedna. Sie definieren uns als Trägersubjekte kollektiver Strömungen, als Kinder unserer Zeit. In der Generationenforschung spricht man von Kohorten. Soziologische Kategorien wie die „Baby Boomer", die „Generation X" oder die „Generation Y" haben dabei eindeutige Entsprechungen in den Konstellationen von Uranus, Neptun und Pluto.

Trends und Moden lassen sich nicht nur aus den aktuellen Konstellationen dieser Planeten ableiten. Vielmehr müssen die Konstellationen jener Generationen betrachtet werden, welche in ihrer Jugendfrische diese Trends aktuell vorantreiben. Die Hippiebewegung der 1960er Jahre lässt sich also nicht nur aus der damaligen Uranus-Pluto-Konjunktion in der Jungfrau erklären, welche dieses Jahrzehnt prägte. Vielmehr müssen die Konstellationen der damals Zwanzigjährigen als Treiber der Jugendkultur betrachtet werden. Und hier finden wir eine Generationenprägung von Pluto im Löwen und Neptun in der Waage. Diese Generation drückte der Jugendkultur der 1960er Jahre ihren Stempel auf und formte die Hippie-Kultur mit ihrem Leitbild von Freiheit und Individualismus, gepaart mit der Vision von Weltfrieden und Gleichberechtigung in der Partnerschaft.

Für alle, die mehr über das essentielle Thema der Generationenprägung erfahren wollen, möchte ich auf die fantastische Artikelserie „Die Astrologischen Generationen" vom Astro-Pionier Friedel Roggenbuck verweisen, welche 2010 in ASTROLOGIE HEUTE erschienen ist und auch bei Friedel direkt als 37-seitiges Dokument erhältlich ist.[19]

Im Gruppenhoroskop wird die Generationenprägung durch Uranus, Neptun und Pluto im Außenkreis eingezeichnet. Diese Ebene koppelt die Gruppe mit den Strömungen des Zeitgeists. Sie zeigt die Kulturbrille, aus welcher heraus die Welt betrachtet wird. An der Generationenebene sind auch deut-

lich die Generationenkonflikte ersichtlich. So musste die geburtenstarke Pluto in Jungfrau Generation (ca. 1957 – 1971) von Anfang an fleißig arbeiten, um sich ihre Nische im Kampf um die Ressourcen zu verdienen. Sie will zeigen, dass sie ihre Hausaufgaben pflichtbewusst gemacht hat. Präzision im Detail prägt dabei auch ihre PowerPoint-Präsentationen, welche vor Fakten bersten und die Zuschauer mit Textlawinen überfluten. Gerne verzetteln sie sich dabei. Am Ende weiß dann zwar jeder, dass eine Menge Arbeit darin steckt, aber nicht, was eigentlich die Kernaussage war. Sie sind aufgewachsen mit Apple II, Sinclair ZX81 oder Commodore 64. Stundenlang Code aus Computerzeitschriften abtippen, hinein in den schwarzen Bildschirm mit dem blinkenden Cursor, war für viele das schönste Freizeitvergnügen.
Ganz anders die nachfolgende Pluto in Waage Generation (1971 – 1983). Der Baby-Boom war vorbei und die Kinder wurden von ihren Pluto in Löwe Eltern zunehmend verwöhnt und hofiert – Triumph der Komfortzone. Ihre älteren Arbeitskollegen aus der Pluto in Jungfrau Generation betrachten sie mit Schmunzeln: stets am Limit, stets überlastet, stets viele Überstunden im Büro...und wenn es dann bei einer wichtigen Präsentation wirklich drauf ankommt, wirken sie gestresst und haben keine Energie mehr. Pluto in Waage wählt den umgekehrten Ansatz: Was im grauen Büroalltag gearbeitet wird, kann ohnedies niemand nachvollziehen. Daher wird die Kraft lieber auf wenige, dafür aber sehr effektvolle Projekte konzentriert, mit denen man bei Präsentationen glänzen kann. Dabei wird das Projekt von Anfang an so aufgezogen, dass es sich konsequent an der Zielvorstellung einer effektvollen Präsentation orientiert. Statt in Berge von Files wird die Energie lieber in die Kommunikation und in einprägsame Bilder investiert.
Treffen nun diese beide Generationen in einem Projektteam aufeinander, so passiert es schnell, dass Pluto in Jungfrau seinen Waage-Kollegen als faul, bequem und oberflächlich betrachtet und den mahnenden Zeigefinger seines strengen Arbeitsethos erhebt. Pluto in Waage hingegen nervt die formalistische Erbsenzählerei seiner Jungfrau-Kollegen. Sie möchte die unnötigen Details weglassen und möglichst schnell ein anschauliches Ergebnis. In Kenntnis der Generationenprägung lassen sich solche Konflikte sehr effektiv erkennen und lösen.

Auch die Langsamläufer-Aspekte spielen dabei eine wichtige Rolle. So befinden wir uns aktuell in einer ausgedehnten Phase mit Neptun-Pluto-Sextil, welche sich von ca. 1945 – 2035 fast durchgehend erstreckt. Dieser Aspekt ist so langfristig, dass er von den meisten Astrologen gar nicht gedeutet wird. Dabei zeigt er an, wie unglaublich gut es unseren Generationen geht, denn unsere Visionen und Träume (Neptun) harmonieren schön mit den gesellschaftlichen Leitbildern (Pluto). Wie wichtig dieser Aspekt ist, werden viele wohl erst in den 2060er Jahren erkennen, wenn Neptun und Pluto ins Quadrat kommen. Dann werden die gesellschaftlichen Zwänge so stark sein, dass sie das Fließende, Schöpferische, Freie in uns unterjochen.
Zuletzt war dies ab den 1810er Jahren der Fall, als der Ausbruch des indonesischen Tambora-Vulkans so viel Asche in die Atmosphäre geschleudert hat, das die nördliche Hemisphäre sich über Jahrzehnte verdunkelte. Das „Jahr ohne Sommer" war die Folge mit Missernten, Hungersnöten und Massenviehsterben. Der Adel in ganz Europa nutzte dies, um die bürgerlich-freiheitlichen Bewegungen mit drakonischen Gesetzen, Zensur und Überwachung zurückzudrängen. Der Rückzug in die eigenen vier Wände war die Folge, die Zeit des Biedermeier.

Das Neptun-Pluto-Sextil ist aber auch in Gruppenhoroskopen von Familien sehr wichtig. In den vergangenen Jahrzehnten dauerte es immer ca. 20 – 25 Jahre, bis Pluto die Position von Neptun erreicht hat. So befindet sich Pluto im Jahr 2017 auf 19° Steinbock, wo Neptun sich 1992, also 25 Jahre davor, aufgehalten hat. Im Alter von 20 – 25 Jahren bekommen viele Menschen Kinder. Das heißt, dass der Pluto des Kindes sich in der Nähe des Neptuns der Eltern befindet. Die Visionen der Eltern werden somit zum Leitbild für die Kinder. Die Eltern wollen ihre Träume im Kind verwirklichen und idealisieren es. Die Kinder hingegen sind von Anfang an fremdbesetzt von den Visionen der Eltern. Overprotecting Mama und Helikoptereltern sind die Extremformen einer solchen Beziehung. Die Eltern wollen die Kinder nach ihrem Idealbild formen. Und die Kinder versuchen sich mit dem Willenspanzer des Pluto zu wehren. Im Positiven bringt diese Konstellation die Gabe, den Kindern wichtige Werte und Ideale auf dem Lebensweg mitzugeben, welche diesen Orientierung und Sicherheit für die Zukunft sind.

Diese Ausführungen zur Generationenprägung sind nur rudimentäre Beispiele aus dem großen Feld der Kollektiv-Astrologie, welche ich im Studiengang Wirtschaftsastrologie vermittle. Sie sollen nochmals verdeutlichen, wie essentiell diese Ebene für das Verständnis von Horoskopen und ganz besonders von Gruppenhoroskopen ist. Die Energiefelder von Uranus, Neptun und Pluto möchte ich folgendermaßen grob umreißen:

Uranus zeigt die Art und Weise, wie eine Generation ihre Originalität ausdrückt, durch welche Eigenarten sie sich von anderen Generationen abgrenzen und unterscheiden möchte, ihren Drang nach Freiheit und Eigenständigkeit, ihre kulturelle Identität und Identifizierung. Bei den Extremvertretern einer Generation gibt er zudem Auskunft über den Widerspruchsgeist und den Drang nach Mutation, Umstürzen, Revolutionen, abrupten Ein-, Un- und Zufällen.

Neptun symbolisiert die Träume und Visionen einer Generation, ihre Sehnsüchte nach einer besseren Welt. Er inkubiert somit die Zukunft, weil aus den Jugendträumen der Generation einige Jahrzehnte später der neue Mainstream wird. Ihr Leben ist das ewige Streben nach Verwirklichung dieser Visionen. Er ist somit Repräsentant des „Phänomens der Novum-Inkubation", welches ich im Buch „PROGNOSTIK 01: Zukunftsvisionen" vorstelle.[20]

Pluto schließlich zeigt die Moden, Trends und Leitbilder an, welche um die Dominanz im Mainstream rittern. Durch den permanenten Kampf miteinander kommt es zu einer kontinuierlichen Transformation. Dabei lebt jedes dieser Modelle von der Unvollständigkeit. Ihr Kern wird im Brennglas vergrößert. Alles was außerhalb liegt wird ausgeblendet, verdrängt. Dadurch entsteht die Sogwirkung der geistigen Fixierung. Dieses Spiel beschreibe ich im Buch „PROGNOSTIK 02: Zeichendeutung" unter „Mode-Modelle und Theoritis".[21]

PRAXIS GENERATIONENPRÄGUNG: DIE STAR TREK CREW

Im Gruppenhoroskop der Star Trek Mannschaft sehen wir bei der Generationenprägung eine starke Dominanz des Lebensquadranten, insbesondere was die Hauptindikatoren Pluto und Neptun betrifft.

Pluto im Krebs

Die Crew entstammt ausschließlich der Pluto in Krebs Generation (1912 – 1939) und ist geprägt durch die massiven Umwälzungen zweier Weltkriege und der großen Weltwirtschaftskrise, welche der Bevölkerung eine enorme emotionale Destabilisierung gebracht haben. Diese löste zwei große Verdrängungslinien aus, welche zum Leitbild dieser Generation wurden:

Der eine Fluchtpunkt führte in die Geborgenheit von Haus, Heimat und Familie. Dieses Bevölkerungssegment zeichnet sich aus durch eine starke Fokussierung auf Tradition, Konservativismus und althergebrachte Werte. Zudem wird eine starke Versicherungs- und Versorgungsmentalität hochgehalten: Der Staat und nachfolgende Generationen sollen mich pflegen und umsorgen. Das wichtigste ist eine warme Stube und immer genug Essen auf dem Tisch.

Der andere Fluchtpunkt führt in die Empfindungswelten von Kino, Fernsehen und Büchern. Die Phantasie wird kultiviert als Geborgenheitsmulde vor dem grauen Alltag. Handlungsstränge werden opulent ausgeschmückt und dienen in erster Linie als Kulisse, um Gefühle zu aktivieren und seelische Identifikation zu schaffen. Und so dienen auch der Star Trek Crew fremde Planeten und Außerirdische vor allem als Vehikel für die ewigen Themen des Menschlichen.

Neptun in Löwe und Jungfrau

Die frühen Jahrgänge der Crew mit Neptun in Löwe (1914 – 1929) verfolgten dabei die Vision des freien Individuums. So sind Dr. McCoy und Scotty die beiden Freigeister, die beherzt und humorvoll für das Menschliche eintreten. Regelmäßig kommt es vor, das Scotty Befehle und Direktiven seiner Vorgesetzten verweigert, wenn er in ihrer Ausführung eine Gefahr für die Besatzung sieht. Selbiges gilt für Dr. McCoy, der in der Sendung den gefühlsbetonten Gegenpol zum rein logisch agierenden Vulkanier Spock darstellt. Bei ihm steht der Mensch an höchster Stelle. Sieht er diesen körperlich oder moralisch bedroht, so protestiert er lautstark mit Sätzen wie: „Aber das ist doch Wahnsinn, Jim!"

Die späteren Jahrgänge hingegen verfolgen die Vision der Situationsoptimierung (Neptun in der Jungfrau 1928 – 1942). So wirkt auch die restliche Crew deutlich angepasster, dienstbeflissener und ist immer voll auf ihre Aufgaben und Herausforderungen konzentriert.

Bei Kirk und Spock steht Neptun in den Anfangsgraden der Jungfrau. Hier geht es vor allem darum, durch geschicktes Nutzen der Umweltbedingungen den Handlungsspielraum des Lebens auszuweiten. Die Neptuns von Uhura, Chekov und Sulu hingegen stehen bereits in der Mitte der Jungfrau. Sie sind für die permanente Analyse und Überwachung der Umwelt zuständig und übernehmen dadurch weitaus mehr Stoßdämpferfunktion. Sie sind die Dienstleister des Raumschiffs.

Die Zeichenbesetzung

In den verschiedenen Varianten der Planetenstands-Analyse haben wir die einzelnen Faktoren der Reihe nach betrachtet. Wie stehen die Sonnen, die Monde, die Neptuns der Gruppenmitglieder jeweils zueinander? Wie spannen sich die Energiefelder der verschiedenen Planeten über das Gruppenhoroskop?
Mit der Methode der Zeichenbesetzung kommt es zu einer ersten Synthese. Wir betrachten die verschiedenen Orte im Koordinatensystem der Gruppe. Dabei beginnen wir im Widder und gehen der Reihe nach alle Zeichen des Tierkreises durch. Wer sind die Pioniere der Gruppe? Wer ist für die Absicherung, die Kommunikation, die Empfindungen zuständig? Die verschiedenen Daseins- und Funktionsbereiche der Gruppe werden so Schritt für Schritt durchleuchtet:

♈	Widder	Der Aufbruch
♉	Stier	Die Absicherung
♊	Zwillinge	Die Beweglichkeit
♋	Krebs	Die Empfindung
♌	Löwe	Der Selbstausdruck
♍	Jungfrau	Die Wachsamkeit
♎	Waage	Die Begegnung
♏	Skorpion	Die Bindung
♐	Schütze	Die Ausdehnung
♑	Steinbock	Die Strukturierung
♒	Wassermann	Die Erneuerung
♓	Fische	Die Auflösung

Das klassische System der Würden

Eine große Hilfe dabei ist das klassische System der essenziellen Würden. Diese zeigen, welche Planeten sich in einem Zeichen besonders gut entfalten können und welche dort vor besonderen Herausforderungen stehen, um mit dem Klima zurechtzukommen. Die Würden werden von vielen modernen Astrologen abgelehnt, weil sie ihnen reduktionistisch und wertend erscheinen. Tatsächlich gibt es leider viele Kollegen, welche die Würden als Entscheidungsmaschinen missbrauchen nach dem Motto: „Mond im Domizil ist gut. Saturn in Vernichtung ist böse." Gerade der große Boom der Stundenastrologie mit ihren scheinbar eindeutigen Entscheidungsalgorithmen zeigt, dass die Sehnsucht groß ist nach einer mechanischen Astrologie, welche wie eine Maschine funktioniert. Man braucht keine mühevollen jahrelangen Studien mehr zu betreiben. Man muss sich gar nicht mehr mit viel Intuition und Gespür in ein Horoskop hineinversetzen. Es reicht, das Regelwerk Punkt für Punkt abzuarbeiten und am Schluss kommt die richtige Antwort heraus. So kann Astrologie, die schöpferische Kunst der Archetypenkopulation und des Bildrechnens, selbstverständlich nicht funktionieren. Und gerade deshalb haben die Würden heute bei vielen Astrologen einen schlechten Ruf – zu Unrecht.

Denn die Würden werten nicht. Sie geben lediglich Auskunft darüber, ob ein Planet sich in einem Zeichen heimisch oder fremd fühlt. Im Domizil fühlt er sich zuhause. Die Landschaft, das Klima des Zeichens kommen seiner Eigenart entgegen. Er kann sich voll entfalten. Ähnlich verhält es sich in der Erhöhung. Hier ist der Planet zwar nicht zuhause, er ist aber wie bei guten Freunden zu Besuch. Auch hier kann er sich sehr gut entfalten und hat zudem noch mehr Antrieb. Denn im Domizil neigt man auch manchmal zur Bequemlichkeit. In der Erhöhung hingegen will man sich von der besten Seite zeigen.

Im Exil ist der Planet am weitesten entfernt von zuhause, in einer fremden Landschaft mit widrigem Klima. Er kann seine Eigenart nicht unverblümt entfalten. Vielmehr muss er sich an das Klima anpassen und andere Wege finden, seiner Energie Ausdruck zu verleihen. Doch durch die permanente Konfrontation mit seinen Antipoden kann er eine irrsinnige Stärke entwi-

ckeln. Ähnlich ist es im Fall. Auch hier kommt der Planet auf seiner Reise durch den Tierkreis in ein Gebiet, welches seiner Eigenart besonders zu schaffen macht.
Nun heißt es oft, dass in Domizil und Erhöhung die positiven, in Exil und Fall die negativen Eigenschaften eines Planeten hervorträten. Das ist definitiv nicht der Fall. Denn was der Horoskopeigner daraus macht, ist eine ganz andere Sache. Ich habe schon Klienten erlebt, die einen Großteil ihrer Planeten im Domizil hatten und die im Leben nichts auf die Reihe brachten. Sie eilten von Selbstüberschätzung zu Selbstüberschätzung und nervten ihre Umgebung dermaßen damit, dass ihnen irgendwann alle Wege verbaut waren. Andererseits gibt es zahlreiche Menschen, die es mit vielen Planeten in Exil oder Fall sehr weit gebracht haben und ein glückliches Leben führen. Da ihnen nicht alles in die Wiege gelegt wurde, mussten sie sich aktiv und achtsam mit ihren Konstellationen beschäftigen und mit viel Ausdauer einen Weg finden, diese konstruktiv und erfolgreich zu verwirklichen.
Eine Rasteranalyse von 10.000 Horoskopen berühmter Persönlichkeiten hat in Sachen Würden übrigens keinerlei Signifikanzen ergeben. Es finden sich darunter genauso viele Menschen mit Planeten in Domizil/Erhöhung wie im Exil/Fall. Doch zeigte sich, dass letztere deutlich mehr Aufwand betrieben haben und sich ihren Erfolg härter erarbeiten mussten. Die Würden sind also ein fantastisches Mittel, um wichtige Herausforderungen im Horoskop zu erkennen. Was der Mensch daraus macht, ist Sache seines Willensspielraums.[22]

Im Gruppenhoroskop zeigen Domizil/Erhöhung jene Faktoren in einem Zeichen, welche besonders engagiert voranpreschen und sich gerne als Initiator und Impulsgeber des Zeichens ins Zentrum rücken. Hier sollte man beobachten, ob sie die Gruppe konstruktiv voranbringen oder es ins Unangenehme übertreiben. Die Planeten im Exil/Fall sind jene, die im Zeichen besondere Herausforderungen meistern müssen, aber vielleicht gerade deshalb sehr wichtig für die Gruppe sind. Hier sollte man abklären, ob sie eher im Hintergrund die schwierigen Aufgaben erledigen oder ihre beleidigte Seite zur Schau stellen. Als kleinen Impuls wollen wir uns als Beispiel einige Zeichen vom mittlerweile bekannten Star Trek Horoskop ansehen.

	Domizil	Exil	Erhöhung	Fall
☉	♌	♒	♈ (19°)	♎
☽	♋	♑	♉ (3°)	♏
☿	♊♍	♐♓	♍ (15°)	♓
♀	♉♎	♏♈	♓ (27°)	♍
♂	♈♏	♎♉	♑ (28°)	♋
♃	♓♐	♍♊	♋ (15°)	♑
♄	♒♑	♌♋	♎ (21°)	♈

	Domizil	Exil	Erhöhung	Fall
♈	♂	♀	☉	♄
♉	♀	♂	☽	
♊	☿	♃		
♋	☽	♄	♃	♂
♌	☉	♄		
♍	☿	♃	☿	♀
♎	♀	♂	♄	☉
♏	♂	♀		☽
♐	♃	☿		
♑	♄	☽	♂	♃
♒	♄	☉		
♓	♃	☿	♀	☿

Die essenziellen Würden – Domizil, Erhöhung, Exil und Fall

PRAXIS ZEICHENBESETZUNG: DIE STAR TREK CREW

Das Gruppenhoroskop der Star Trek Crew zeigt eine starke Besetzung der Pionier- und Abenteurerzeichen Widder und Wassermann, insbesondere auf der Ebene der individuellen Planeten. Das Entdecken und Erkunden neuer Welten auf technologischer Grundlage steht im Fokus als gemeinsames Leitthema. Hatten wir beim Beispiel der F&E-Abteilung noch eine leere Innovationszone,[23] so ist diese bei der Mannschaft von Raumschiff Enterprise randvoll, eine ideale Voraussetzung für eine Science Fiction Serie.

Widder

Die Pionierarbeit übernehmen, wie bereits bei der Sonnenstands-Analyse festgestellt, Kirk und Spock. Wann immer Neuland zu betreten ist, jemand unbekannte Planeten erkunden oder fremden Kulturen begegnen muss, sind sie an vorderster Front. Das ist eigentlich eine absurde Situation, denn in der Realität würde keine Mannschaft seine beiden höchsten Führungskräfte persönlich auf die gefährlichsten Außenmissionen schicken. Im Raumschiff Enterprise ist aber gerade das eines der Erfolgsgeheimnisse der Sendung.

Dabei ist Kirk mit seiner Sonne ganz am Anfang des Widders stets ein paar Meter voran. Spock kommt gleich als zweites hinterher. Die Gradbelegungen des Widders werden hier auch räumlich und inhaltlich zum Bild.

Da Kirk und Spock nur vier Tage auseinander geboren sind, weisen ihre Horoskope weitgehend dieselbe Zeichenbesetzung auf. Neben ihren Merkuren positionieren beide auch ihre Uranus-Mondknoten Konjunktionen im Widder. Wie ich im Artikel „50 Jahre Star Trek" auf ASTRO.COM zeige, liegt diese neuralgische Ballung genau auf dem Aszendenten der Sendung,[24] ein Phänomen, welches wir im Kapitel über Ankergrade ausführlicher behandeln werden.

Stier

Sehr auffällig ist der nahezu leere Stier. Lediglich Captain Kirk bringt hier Gewicht mit seinem Mond direkt auf dem Grad seiner Erhöhung (3° Stier). Das soziale Geschehen, die Gruppenprozesse, drehen sich voll um seine Person. Wann immer die Crew gemeinsam agiert, ist er als Zentrum und Tonangeber dabei. Es gibt kaum einen Moment, wo die Mannschaft als Gruppe auftritt ohne dass Kirk früher oder später seinen Gimpel in die Szene hält, um den Takt des Gruppengeschehens zu bestimmen.

Ansonsten steuert nur noch Sulu mit seinem Merkur einen persönlichen Faktor zum Zeichen bei. Er bildet auf der Brücke am Steuerpult den Fixpunkt der Crew.

Zwillinge

Auch die Zwillinge sind fast leer. Der einzige Gruppenfaktor in diesem Zeichen ist der Mond von Kommunikationsoffizierin Uhura. Sie sitzt mit dem Knopf im Ohr auf der Brücke und empfängt Funksignale, übernimmt somit den technisch-funktionellen Part der Vermittlung und im Sinne des Mondes den Empfang.

Weitere Übungen

Als Übung empfiehlt es sich nun, die weiteren Zeichen eigenständig zu analysieren und dabei stets die klassischen Würden zu beachten. Was bedeutet es im Zeichen Krebs, dass die beiden Hauptakteure Kirk und Spock ihre Jupiters in Erhöhung und ihre Marse am Grad des größten Falls haben? Wie erklärt es sich, dass ausgerechnet der gefühlskontrollierte Spock seinen Mond dort im Domizil hat?

Hat man in dieser Manier der Reihe nach alle Zeichen bis zu den Fischen durchgedeutet, so ergibt sich bereits ein sehr vollständiges Bild der Gruppenstruktur, der Rollenverteilung zwischen den Mitgliedern. Zudem leitet dieser Schritt fließend über zum dritten Schritt des Deutungssystems, welcher Gruppendynamik und Beziehungsmuster analysiert.

Außenseiter und Experten

Manchmal kommt es vor, dass in einer Lücke einzelne Planeten stehen. Diese Planeten im Abseits sind die Außenseiter der Gruppe. Sie ziehen allein ihre Bahnen, haben eine Sonderstellung inne. Ob diese Sonderstellung sie einsam oder einzigartig macht, hängt vom persönlichen Entwicklungsstand ab. In der systemischen Beratung geht es darum, diese Außenseiter zu Experten zu machen, zu wichtigen Mitgliedern mit Alleinstellungsmerkmal, welche diese Gabe zum Wohl der Gruppe nutzen. In der Star Trek Crew haben wir solche Expertenstellungen bei Kirk (Stier-Mond), Uhura (Zwillinge-Mond) und Scotty (Fische-Sonne und Skorpion-Mars) vorliegen.

GRUPPENDYNAMIK & BEZIEHUNGSMUSTER

In der Kollektivanalyse haben wir die Gruppe in ihrer Gesamtheit betrachtet. Im zweiten Schritt haben wir uns die Rollenverteilung der einzelnen Mitglieder angesehen. Durch diese beiden Schritte haben wir einen guten Einblick in die Struktur der Gruppe enthalten. In der dritten Stufe rücken nun die gruppendynamischen Prozesse in den Fokus, welche die Gruppe erst zum Leben erwecken. Hier analysieren wir die Interaktions- und Beziehungsmuster innerhalb der Gruppe. Wo verstehen und wo reiben sich die Mitglieder? Wo ziehen sie an einem Strang oder in verschiedene Richtungen? Welche Mitglieder haben welche gemeinsamen Themen? Und wo im Gruppenhoroskop befinden sich neuralgische Punkte, welche die Gruppe zusammenhalten?
Es gibt zahlreiche Möglichkeiten, diese Verflechtungen zu analysieren. Die wichtigste davon möchte ich hier vorstellen. Es sind dies die Ankergrade und die Ankeraspekte:

Ankergrade

Wie bereits im Kapitel über die Kollektivanalyse erläutert sind Ankergrade Tierkreisbereiche, welche von einem Großteil der Mitglieder besetzt sind. Dort haben sie sich gefunden. Sie halten die Gruppe zusammen und geben ihr ein gemeinsames Leitmotiv, unter welchem sie ihre Kräfte vereinigt. Häufig sind diese Ankergrade historisch bedingt, etwa im Horoskop des Gründers oder Führers. Am Beispiel der F&E-Abteilung haben wir gesehen, dass der Abteilungsleiter im Rahmen der langjährigen Organisationsentwicklung durchwegs Leute eingestellt hat, welche einen engen Bezug zu seinem Mond und zu seiner Venus haben. Dadurch wurden diese Positionen (Mitte Löwe und Ende Schütze) zu den Ankergraden der Gruppe. Dabei

müssen die Konjunktionen gar nicht gradgenau sein. Ankergrade liegen auch vor, wenn der übliche Orbis (5-10°) berücksichtigt wird. Man kann sich vorstellen was passiert, wenn in einer solchen Abteilung der Leiter plötzlich wegfällt und ein anderer Vorgesetzter kommt mit ganz anderen Gradbelegungen. Bisherige Darlings stehen plötzlich auf dem Abstellgleis. Und bislang unauffällige Mitarbeiter blühen auf.
Einige Beispiele solcher Wechsel stelle ich in den Seminaren „Das Gruppenhoroskop" und „Astrologie für Manager" ausführlich vor anhand von 3D-Animationen im Zeitverlauf. Durch Überblendungseffekte lassen sich die Organisationsveränderungen sehr anschaulich und intuitiv vermitteln. In der statischen Buchform ist das leider nicht möglich, weshalb wir uns im Praxisbeispiel dieses Kapitels auf die Beziehungsmuster einer statischen Gruppe konzentrieren werden.

Ankeraspekte

Es müssen aber nicht immer Ankergrade sein, welche die Gruppe zusammenhalten. Genauso wirksam sind die Ankeraspekte. Die stärkste Figurine ist die Ankerachse, welche gegenüberliegende Gradbereiche verbindet (180° Opposition). Diese entfaltet eine große Dynamik im Gruppenhoroskop, einen Zustand maximaler Spannung und damit maximaler Energie. In der Opposition begegnen sich die Antipoden, die Pole des maximalen Gegensatzes, welche aber gerade deswegen ein gemeinsames Thema haben und eng aneinander gekoppelt sind. Im unkultivierten Zustand begegnen sich hier zwei feindlich gegenüberstehende Parteien, welche auch im wörtlichen Sinn in Opposition stehen. Sie ziehen in zwei verschiedene Richtungen wie beim Seilziehen. Im kultivierten Zustand wird diese Spannung genutzt, um Großes voranzubringen. Jede Seite hat das, was der anderen fehlt. Und gemeinsam ergänzen sie sich perfekt. Der eine kann, was der andere nicht kann und umgekehrt. Zusammen mit dem großen Spannungspotential der Opposition ist das eine ideale Konstellation für energievolles Teamwork.
Die Erweiterung der Ankerachse ist das Ankerkreuz, welche durch die Vierteilung des Kreises entsteht (90° Quadrate). Auch diese Figur ist sehr ener-

giereich und birgt eine große Anspannung. Allerdings ist diese Energie deutlich schwieriger zu zähmen. Bei der Opposition stehen die Opponenten einander offen gegenüber und sehen sich in die Augen. Beim Quadrat schießt die Energie quer, oft aus dem toten Winkel heraus. So ist es auch ein permanenter Balanceakt, das Quadrat konstruktiv zu nutzen. Wenn es gelingt, birgt auch diese Konstellation ein immenses Energiepotential für konstruktive Aktivitäten.

Sehr stabil und harmonisch ist das Ankerdreieck (120° Trigon). Die beteiligten Planeten befinden sich im selben Element und sind deshalb durch dasselbe Temperament verbunden. Vielen Astrologen gilt das Trigon als Nonplus-ultra, als positiver Glücksaspekt schlechthin. Dem ist aber nicht so, weder in der Radix, noch im Transit. Trigone zeigen den Zustand eines statischen Gleichgewichts, einer stabilen Sicherheit. In diesem Zustand gibt es kaum noch Bewegung. Die Energie versackt nach unten. Es herrscht Windstille und die Segel hängen durch. Im Gruppenhoroskop zeigen starke Ankerdreiecke Bereiche der Ruhe und der Entspannung bis hin zu Bequemlichkeit und Faulheit. In Teamhoroskope ergeben sich daraus oft wichtige Lösungsansätze, wenn das Problem mangelnde Leistungsfähigkeit ist.
Im Gruppenhoroskop einer Familie oder eines Freundeskreises hingegen können Ankerdreiecke eine wichtige Stütze sein und ein harmonisches Miteinander anzeigen. Man versteht sich gut und ist sich einig. Es gibt kaum Anlass zu Streit. Die Familie wird zwar vielleicht etwas phlegmatisch sein und gern gemeinsam abchillen. Aber das entspricht ja auch ihrer Funktion als Ort der Geborgenheit und der Entspannung vom stressigen Arbeitsalltag.
Etwas mehr Beweglichkeit bekommt diese Figur, wenn sie zum Ankerstern erweitert wird (60° Sextil). Es tritt ein Zeichen derselben Polarität hinzu, welches aber einem anderen Element zugeordnet ist (z.B. Wasser erweitert Erde oder Luft erweitert Feuer). Die Planeten sind also alle aktiv oder alle passiv. Durch das zweite Element kommt aber deutlich mehr Aktivität in die Gruppe. Die Beweglichkeit ist nicht hart und eckig wie beim Quadrat, sondern leichtfüßig, spielerisch und wendig.

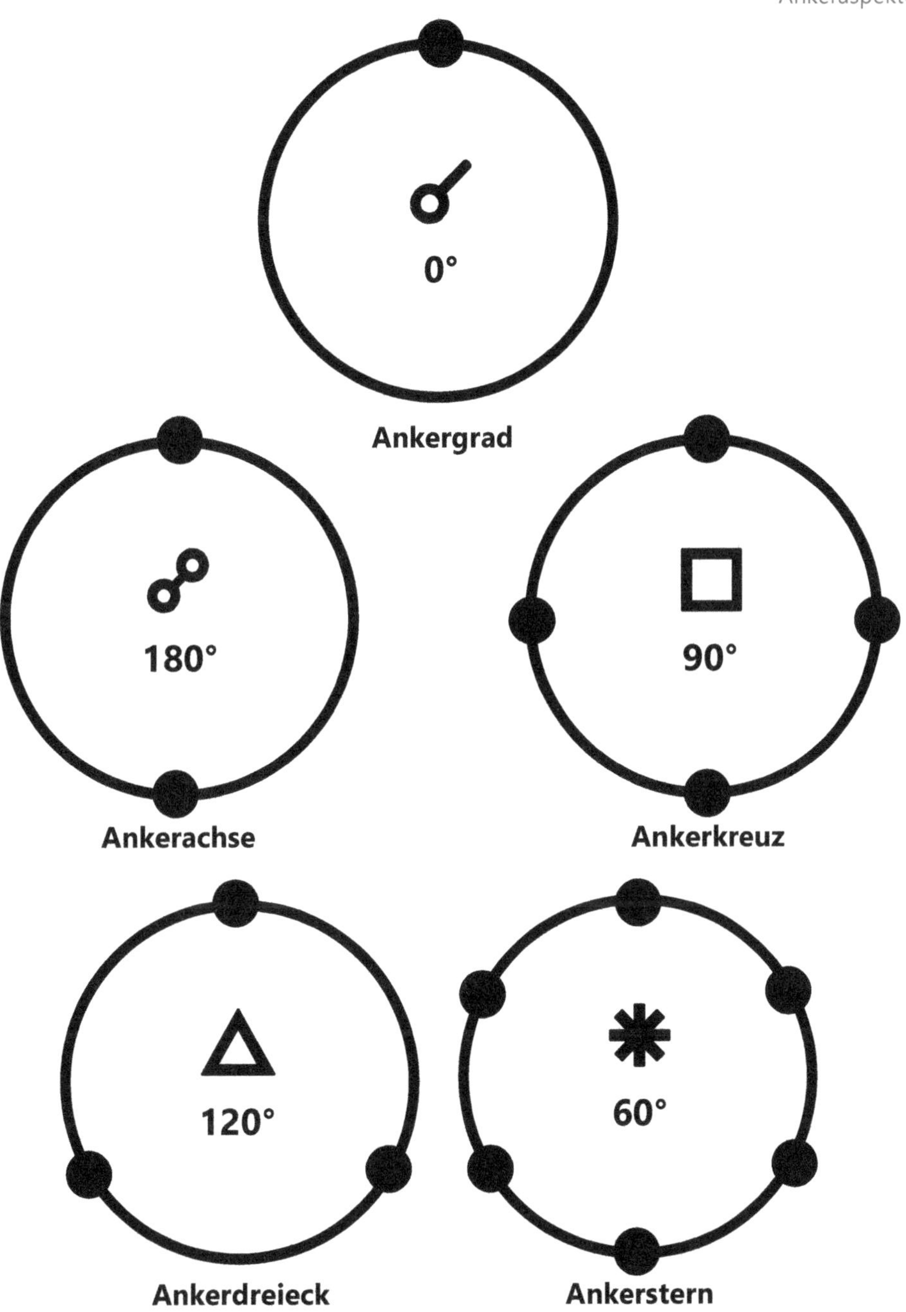

Die wichtigsten Ankeraspekte im Gruppenhoroskop

Selbstverständlich lassen sich die Ankerfiguren auch noch um die Nebenaspekte erweitern, beispielsweise das Ankerkreuz um Oktil und Trioktil. Da das Gruppenhoroskop aber ohnedies eine große Fülle an Informationen enthält, ist dies nur in Spezialfällen zu empfehlen. Selbst die Ankersterne dienen in der Deutungspraxis eher der Verfeinerung. Die gravierenden Themen und Probleme einer Gruppe äußern sich in der Regel in den Ankerkreuzen, weil diese viel vehementer in die Sichtbarkeit drängen. Bei all diesen Figuren ist die Betrachtung der Würden sehr hilfreich. Denn bei der Interaktion zwischen den verschiedenen Planeten spielt es eine große Rolle, wie wohl sich diese im jeweiligen Zeichen fühlen. Personen mit Planeten in Domizil oder Erhöhung werden anfangs eher dazu tendieren, die Ankerfigur zu dominieren. Personen mit Planeten im Exil oder Fall werden anfangs eher in die Defensive gedrängt. Mittel- und langfristig kann sich das aber umkehren. Denn im Lauf der Zeit entwickeln letztere subtile Taktiken und Strategien, um sich doch durchzusetzen.
Die astrologische Beratung mit dem Gruppenhoroskop kann hier enorme Hilfestellung geben, indem sie diese Muster sichtbar macht und dadurch Bewusstsein und Verständnis schafft für die persönlichen Unterschiede der Beteiligten. Es lassen sich effektiv Lösungsansätze erarbeiten, selbst die schwierigsten Beziehungsmuster auf eine konstruktive Ebene zu bringen.

Beziehungsgeflechte

Die Ankeraspekte zeigen neuralgische Muster, welche die Gruppe zusammenhalten. Ein Großteil der Mitglieder ist daran beteiligt. Das Gruppenhoroskop zeigt aber auch sehr detailliert die komplexen Beziehungsmuster zwischen zwei oder mehreren Mitgliedern, soziale Inselgeflechte innerhalb der Gruppe. Gerade wenn es zwischen einzelnen Mitgliedern Konflikte gibt, ist die Betrachtung dieser Beziehungsgeflechte sinnvoll. Aber auch wenn es thematische Untergruppen gibt oder Projekte und Aktivitäten, an denen nur ein Teil der Mitglieder beteiligt ist, kann eine solche Feinanalyse wertvoll sein.

Die Beziehungsgeflechte werden ebenfalls über die Aspekte der betroffenen Personen analysiert. Der Unterschied zu den Ankeraspekten ist, dass hier nur ein kleinerer Teil der Gruppe eingebunden ist.

PRAXIS ANKERASPEKTE: DIE FAMILIE VON JOHN LENNON

Eine der größten Kultfiguren der modernen Popkultur ist zweifelsohne John Lennon. Als Sänger der Beatles wurde er berühmt. Aber als aktionistische Hippie-Ikone wurde er, nicht zuletzt aufgrund seines dramatischen Todes, unsterblich. Neben seinen musikalischen Leistungen prägten auch seine ambivalenten Familienverhältnisse sein Image in der Öffentlichkeit. Gerade die massiv zu Markte getragene Beziehung zu seiner zweiten Frau Yoko Ono war sehr umstritten.

Im Gruppenhoroskop sehen wir John Lennon, seinen Sohn Julian aus erster Ehe, Yoko Ono und den gemeinsamen Sohn Sean.

John Lennon als Anker

Sehr bezeichnend für den Charakter John Lennons ist seine Sonne auf 16° Waage am Deszendenten. Mit seinem Aszendenten um 17° Widder[25] ist er im Auftreten vor allem eine Kämpfernatur, die sich nicht davor scheut, anzuecken und Tabus zu brechen. Bereits in jungen Jahren ist er als streitlustiger Revoluzzer berüchtigt, der den Skandal und die Provokation sucht. Sein Mars und seine Sonne in der Waage hingegen suchen Harmonie, Frieden und Diplomatie. Als Gesamtbild ergibt sich der Friedenskämpfer. Das Wort ist freilich in sich ein Widerspruch, denn die meisten Kriege werden durch Menschen verursacht, die glauben, für den Frieden oder für eine gute Sache zu kämpfen. So führt man gerne Krieg gegen das eigene Spiegelbild, gegen die eigenen Projektionen im Außen. Diese Achse wurde für seine Familie(n) zur Ankerachse im Gruppenhoroskop.

Die Ankerachse 15-20° Widder/Waage

John Lennons Aszendent, Symbol für sein Auftreten und seine Erscheinung, wird für die gesamte Familie zum neuralgischen Ankergrad auf ca. 17° Widder. Dieser Gradbereich ist durch eine starke Vaterthematik gekennzeichnet,[26] welche zwischen allmächtigem Übervater und lädiertem Vaterbild pendelt. John Lennon war selbst ohne Vater aufgewachsen und trug dieses Muster auch in seine eigene Familie hinein. Sein erster Sohn Julian positioniert dort seine Sonne. Und auch er wurde von seinem Vater John im Alter von fünf Jahren verlassen wegen dessen neuer Partnerschaft mit Yoko Ono. Das Vater-Sohn-Verhältnis war zeitlebens sehr problematisch. Gleichzeitig wurde das Image von John für Julian zum Rollenbild. Seine eigene musikalische Karriere lebte von der verblüffenden optischen und klanglichen Ähnlichkeit mit Aussehen und Stimme seines Vaters.

Für den zweiten Sohn Sean fügte sich die Beziehung deutlich günstiger. Er positioniert dort seinen Jupiter und hatte als Wunschkind ein sehr gutes Verhältnis zu John. Dies wurde sicherlich noch durch die Tatsache verstärkt, dass beide am 09. Oktober Geburtstag haben, was 16° Waage entspricht und somit den 17° Widder zur Ankerachse erweitert.

Yoko Ono schließlich positioniert hier ihren Uranus. Sie übernimmt somit das Image von John Lennon für ihre eigene Identität, lebt fortan durch ihn. Bis heute ist sie vor allem als ehemalige Frau und umtriebige Vermarkterin von John Lennon bekannt.

Ankerkreuz auf 10° Kardinal

In unmittelbarer Nähe dieser dominanten Ankerachse gibt es auch noch ein sehr starkes Ankerkreuz, dessen Wurzel das Meridian-Mondknoten-Quadrat von John Lennon ist (ca. 7° Steinbock – 10° Waage). Hier dockt Yoko Ono mit ihrem AC-MC-Achsenkreuz an, wobei ihr Meridian mit dem von John Lennon eine Achse bildet. Jeder bringt das ein was dem anderen fehlt. Der ausdauernde Dickschädel John Lennons und die emotionsgeladenen Lebensziele Yoko Onos ergänzen einander. Im Spannungsfeld dazwischen steht Yoko Onos ausgleichender Waage-Aszendent. Dort befindet sich auch der Pluto des gemeinsamen Sohns Sean. Er wurde hineingeboren in die hermetische Kunstwelt seiner Eltern und muss dort seither seine Rolle spielen. Dabei ist sein Erbe Fluch und Segen zugleich.

Beziehungsgeflechte

Neben diesen dominanten Ankeraspekten gibt es in der Familie vielschichtige Beziehungsgeflechte, welche als eigenständige Übung analysiert werden sollten. Auffällig sind beispielsweise die exakt identischen Mondpositionen von Yoko und Sean oder auch der Pluto Julians auf dem Neptun Johns. Wie bereits im Kapitel über die Generationenprägung erläutert,[27] indiziert dies, dass die Geburt für den Vater die Initiation zum Erwachsenwerden war, mit allen erörterten Konsequenzen…

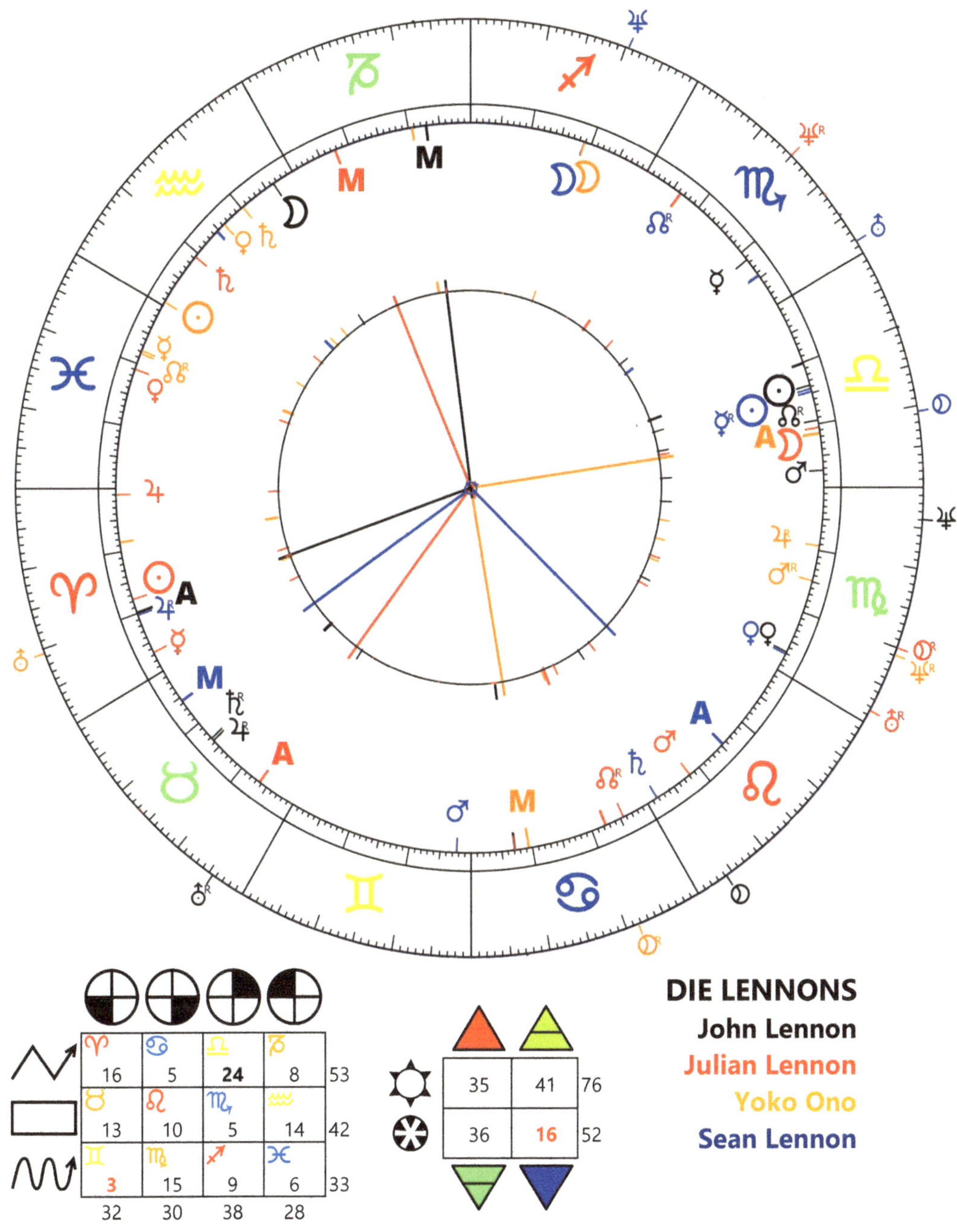

♈ 16	♋ 5	♎ **24**	♑ 8	53
♉ 13	♌ 10	♏ 5	♒ 14	42
♊ 3	♍ 15	♐ 9	♓ 6	33
32	30	38	28	

35	41	76
36	16	52

DAS FOKUS-GRUPPENHOROSKOP

Bislang haben wir die Gruppe aus der Vogelperspektive betrachtet. Doch manchmal macht es Sinn, in eines der Mitglieder hineinzuschlüpfen, um den Rest der Gruppe aus seiner Sicht zu betrachten. Wir begeben uns in die subjektive Froschperspektive. Dafür habe ich das Fokus-Gruppenhoroskop entwickelt, bei welchem sich im Innenkreis das Horoskop der Fokusperson befindet. In gewohnter Manier wird dieses Horoskop mit dem Aszendenten links dargestellt. Der für die persönliche Wahrnehmungsbrille so wichtige Häuserkreis bleibt bei der Fokusperson also erhalten.
Im Außenkreis werden nun die anderen Mitglieder um das Fokushoroskop herumgebaut. Dadurch sehen wir nicht nur, mit welchen Planeten die Fokusperson an die Gruppe andockt. Wir sehen auch, in welche Häuser die Planeten der anderen fallen. Dies ist auch der erste Ansatzpunkt in der Deutung. Wie bei der Kollektivanalyse sucht man zuerst nach Clustern und Lücken im Häuserkreis der Fokusperson.

Cluster und Lücken im Häuserkreis

Einfach zu erkennen und dabei sehr aussagekräftig sind die Cluster und Lücken im Häuserkreis. Sie zeigen, in welchen persönlichen Lebensbereichen die Fokusperson die Gruppe verortet. Fällt beispielsweise ein großer Teil der Gruppenplaneten in den I. Häuserquadranten der Fokusperson (Häuser 1, 2 und 3), so fühlt sich diese als untrennbarer Teil der Gruppe. Sie bringt sich dort stark mit ihrer Persönlichkeit ein und ist vornehmlich in materiellen Angelegenheiten für die Gruppe aktiv.
Steht ein großer Teil der Gruppenplaneten im II. Häuserquadranten, so ist die Gruppe für das emotionale Wohlbefinden sehr wichtig. Die Fokusperson fühlt sich dort geborgen (Haus 4), sieht die Gruppe als Erweiterung der ei-

genen Erlebniswelt (Haus 5) oder fühlt sich verpflichtet, stets für Ordnung zu sorgen (Haus 6).
Befindet sich der Gruppencluster im III. Häuserquadranten, so steht der geistige Austausch im Vordergrund, die Begegnung (Haus 7), die verbindlichen Vereinbarungen (Haus 8) und der philosophische Austausch (Haus 9). Das birgt auch einiges an Konfliktpotential, weil stets zwischen dem Ich und den anderen differenziert wird. Befinden sich im III. Häuserquadranten der Fokusperson persönliche Planeten, die eher kantig sind (z.B. Mars, Saturn, Uranus oder Pluto) oder die in der Radix harte Aspekte aufweisen, so wird das Du schnell als Feind interpretiert. Ein stark besetzter III. Häuserquadrant neigt zu Projektionen. Das Böse ist niemals man selbst, sondern immer die anderen. Im Positiven bringt ein Cluster im III. Häuserquadranten die Gabe, zwischen anderen zu vermitteln, verschiedene Interessen auszugleichen und für faire Verbindlichkeiten zu sorgen.
Ist der Gruppencluster im IV. Häuserquadranten positioniert, dann ist die Gruppe für die Fokusperson vor allem eine Gesinnungsgemeinschaft, um höhere, überpersönliche Ziele zu verfolgen. Im 10. Haus sind dies gesellschaftliche Ziele. Man nutzt die Gruppe zum Vorankommen in der Hierarchie, um seinen sozialen Stellenwert zu verbessern. Im 11. Haus geht es darum, neue Welten zu entdecken, einer Szene anzugehören, welche stets am Puls der Zeit ist. Und im 12. Haus geht es um das Hintergründige. Im Positiven sind dies Visionäre, welche die Welt des Morgens ausbrüten, auch spirituelle oder religiöse Gruppen. Im unkultivierten Zustand können es aber auch Banden sein, die im Untergrund ihr Unwesen treiben, eine Halbwelt mit zwielichtigen Machenschaften.

Bei der Deutung sollte man nicht den Fehler machen, die Häuser zu genau zu nehmen. Deshalb basieren meine kurzen Ausführungen auch bewusst auf den Häuserquadranten. Denn die Häuserquadranten sind exakt definiert und auch in sämtlichen Schulen und Häusersystemen gleich. Anders sieht es bei den Häusern aus. Die Grundproblematik ist hier, dass ein dreidimensionales Gebilde (die Himmelskuppel) auf ein zweidimensionales Blatt Papier projiziert wird. Das kann natürlich immer nur eine Näherung sein, wie wir ja auch von den Weltkarten wissen. Durch die Projektion des Globus auf ein

Blatt Papier gibt es enorme Verzerrungen. Grönland ist in Wirklichkeit um ein Vielfaches kleiner, Afrika deutlich größer. Ähnlich verhält es sich mit dem Häusersystem. Egal welcher Ansatz hier gewählt wird (Placidus, Regiomontanus, GOH, etc.) sie können immer nur Näherung sein. Daran können auch die langjährigen Häuserstreitigkeiten und Argumentationsketten der verschiedenen Anhänger nichts ändern. Deshalb sollte man, unabhängig vom verwendeten System, die Häuser immer nur als Näherungen betrachten. Hinzu kommt, dass nicht nur der Tierkreis, sondern auch der Häuserkreis ein kontinuierlicher Entwicklungsprozess ist. Der Anfang des 9. Hauses hat eine ganz andere Prägung als dessen Mitte oder dessen Ende. Allein deshalb schon ist die Deutung der Häuser als fest abgegrenzte Einheiten absurd.

Faktorenbesetzungen und Beziehungen

Der zweite Schritt in der Deutung des Fokus-Gruppenhoroskops sind die Faktorenbesetzungen. Die Planeten im Radix sind Sensoren, welche auf ihre individuelle Art (geprägt durch Tierkreisgrad, Haus und Aspekte) die Umwelt wahrnehmen. Sie suchen nach Resonanz im Außen. Wichtig ist nun die Frage, auf welche Gruppenplaneten diese treffen, durch welche Planeten der anderen Mitglieder die Radixfaktoren besetzt werden. Dadurch treten sie in direkten Austausch mit den anderen in der Gruppe. Besonders relevant sind hier die Achsenbelegungen, also Konjunktionen zu Aszendent, Deszendent, Medium und Imum Coeli des Leitsystems. Aber auch Sonne, Mond und die anderen Planeten sind wichtig.
In freiwilligen Gemeinschaften gibt es fast immer solche direkten Faktorenbesetzungen. Denn anderenfalls hätte die Fokusperson keinerlei Veranlassung, sich auf die Gruppe einzulassen. Sie muss ja seinem Suchbild entsprechen, ihm etwas bieten, was sein eigenes Horoskop verlangt. Bei Zweck- oder Zwangsgemeinschaften kann es auch passieren, dass es keine direkten Besetzungen gibt. Dann werden aber zumindest Beziehungen vorliegen in Form von Aspekten zu den Radixplaneten. Fallen nun viele Gruppencluster ins Quadrat zu wichtigen Radixfaktoren, so dürfte die Position der Fokus-

person innerhalb der Gruppe eine sehr angespannte sein. Die Gruppe ist für sie ein Ort mit viel Druck und Stress. Fallen diese ins Trigon zu wichtigen Radixplaneten, so wird ihr die Gruppe angenehm, aber vielleicht auch etwas langweilig erscheinen. Vielleicht hat die Fokusperson auch gar keinen ausgeprägten Kontakt zu ihr. Das kommt beispielsweise in Gruppenhoroskopen von Nachbarschaften recht oft vor. Man lebt in friedlicher Koexistenz nebeneinander her.

Ein Sonderfall liegt vor, wenn man den Gruppenführer, Gründer oder Leiter in den Fokus rückt. Da dieser die Gruppe aufgebaut oder zumindest über einen längeren Zeitraum geprägt hat, wird er diese im Regelfall als Erweiterung seiner Persönlichkeit nutzen. In dem Fall ist mit starken Umclusterungen einiger seiner Radixfaktoren zu rechnen. Dann ist besonders spannend, welche Faktoren das sind. Wir haben dieses Phänomen bereits im Beispiel der F&E-Abteilung kennengelernt. Dort waren es Mond und Venus der Abteilungsleiters, welche eng von den Mitarbeitern umkuschelt wurden. Wohlbefinden und Harmonie standen beim Team stark im Fokus. Anders sieht es aus, wenn es beispielsweise Mars oder Saturn des Gruppenführers sind, welche von den Mitgliedern besetzt werden. Dann stehen Aktivität und Ausdauer im Fokus. Hier wird es deutlich zackiger und pflichtbewusster zugehen. Findet die Faktorenbesetzung am Merkur des Gruppenführers statt, so geht es um Beweglichkeit und geistige Wendigkeit, bei Pluto um das dogmatische Verfolgen gemeinsamer Leitbilder und so fort.
Dabei ist immer relevant, welche Radixaspekte diese umclusterten Faktoren haben. Steht der umclusterte Mars des Gruppenführers im Quadrat zu seinem Radix-Saturn, so dürfte er die Gruppe ziemlich unter Druck setzen und oft mit eiserner Faust regieren. Bei einem Sextil zum Radix-Jupiter hingegen wird er sie eher überschwänglich motivieren und mit verheißungsvollen Worten vorantreiben. Selbstverständlich ist hierbei stets der Kultivierungsgrad zu beachten. So kann ein hochkultivierter Gruppenführer mit dem Saturnquadrat sehr positiv wirken und gerecht, konsequent und hochzuverlässig sein. Ein Gruppenführer, der sein Horoskop noch im jugendlichen Zustand lebt, kann auch mit dem Jupitersextil viel Schaden anrichten und sei-

ner Gruppe stets alles versprechen und nichts halten, sie immerzu in undurchdachte Aktivitäten hineintreiben.

Als kleinen Einblick in die praktische Deutung wollen wir einen Blick auf das Fokus-Gruppenhoroskop von Queen Elizabeth II. werfen und sie in Bezug auf die Royal Family betrachten. Weitere ausführlichere Beispiele gibt es im Kapitel mit den Seminarprotokollen.

PRAXIS FOKUS-GRUPPENHOROSKOP: DIE ROYAL FAMILY

Das Beispiel zeigt Queen Elizabeth II. im Zentrum. Man sieht hier schön ihr Verhältnis zur Royal Family.

Cluster und Lücken im Häuserkreis

In der Gesamtverteilung fällt auf, dass die anderen Mitglieder kaum Faktoren in ihren I. Quadranten werfen (Häuser 1-3). Sie ist unumstrittene Herrscherin in ihrem Revier. Lediglich Lady Diana (blau) positionierte mit Mond, Jupiter und Saturn nennenswertes Gewicht in das erste Haus von Queen Elizabeth II. und machte ihr somit eine gewisse Konkurrenz als „Königin der Herzen". Auch der Uranus ihres Ehemanns Prince Philip macht sich dort immer wieder bemerkbar, ist er doch für seine manchmal grenzwertigen Späßchen legendär. Mit Sonne und Mars in Elizabeths sehr klein geratenem 5. Haus genießt er aber eine gewisse Narrenfreiheit, sorgt er doch für Lebendigkeit und Lockerheit im Leben der Queen. Ansonsten ist die Royal Family großflächig verteilt in den Häusern 6-11 der Queen und dient ihr somit vor allem für die Außendarstellung und die Erfüllung ihres transpersonalen Auftrages als Repräsentantin Großbritanniens.

Faktorenbesetzungen und Beziehungen

Im Bereich der Faktorenbesetzungen fällt zuerst die starke emotionale Kette der Mutterbeziehungen auf. So steht ihr Mond („das Mutterprinzip") genau auf der Sonne ihrer Mutter, der Queen Mum (grau, 12° Löwe). Ihre eigene Sonne wiederum ist exakt auf dem Mond ihres Sohns Prince Charles (rot, 0° Stier) positioniert.

Mit Saturn am Skorpion-MC als Herrscher des Steinbock-Aszendenten ist sie ein ausdauernder, zäher Kno-

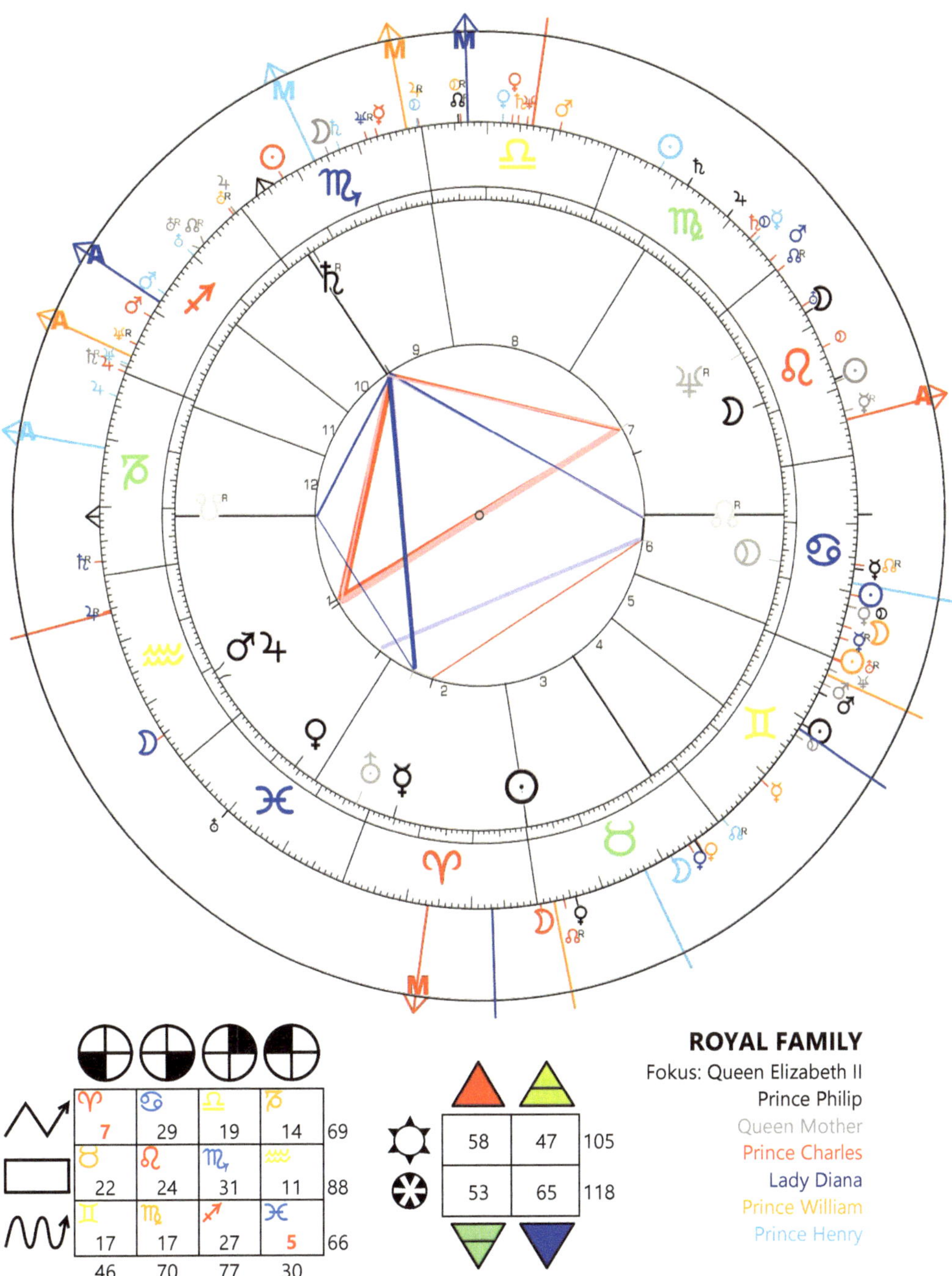

	♈ 7	♋ 29	♎ 19	♑ 14	69
	♉ 22	♌ 24	♏ 31	♒ 11	88
	♊ 17	♍ 17	♐ 27	♓ 5	66
	46	70	77	30	

	58	47	105
	53	65	118

chen und erfüllt ihren Stellenwert als Königin seit vielen Jahrzehnten ausdauernd und pflichtbewusst. An diesem wichtigen Berufungspunkt lümmelt die Sonne von Prince Charles herum, wobei sie bereits ins 9. Haus tendiert: der lebenslängliche Kronprinz, in Regierungsgeschäften eng an der Seite seiner Mutter, aber eben nur Prinz. Im Ankerkreuz reißt sie den Berufungspunkt über Mars-Jupiter in ihr 1. Haus und macht sich dadurch als Person unverzichtbar für dieses wichtige Amt. Gegenüber im Ankerkreuz löst Neptun im 7. Haus das Du in dieser Rolle auf. Daran dockt ihr Gatte Prince Philip mit seinem Mond an und gibt ihr Geborgenheit und Erdung. Und auch Lady Diana belagert diesen Punkt mit ihrem Uranus als Störenfried der idealisiert-verklärten Außenwelt.

Leitsystem im Fokus

Das Fokus-Gruppenhoroskop eignet sich nicht nur hervorragend, um die Gruppe aus der subjektiven Wahrnehmungsbrille eines der Mitglieder heraus zu betrachten. Man kann auch ein Leitsystem der Gruppe in den Fokus rücken. Ein solches Leitsystem kann alles sein, was der Gruppe eine gemeinsame Ausrichtung gibt. Bei einer Familie kann dies das Wurzelmoment des ersten Kennenlernens der Eltern sein, der Zeitpunkt der Eheschließung oder auch ein Hauskauf. Bei Teams oder Abteilungen kommen die Gründung des Unternehmens oder der Start eines wichtigen aktuellen Projekts, der Launch eines Produkts oder eine Patentanmeldung und dergleichen in Frage. Bei einer Sportmannschaft kann dies beispielsweise der Zeitpunkt eines wichtigen Spiels sein oder der Vertrag mit einem neuen Sponsor.

Bei der Arbeit mit den richtigen Leitsystemen kommen die tieferen Schichten in der Tektonik der Gruppe zum Vorschein. Meist liegt in ihnen die Wurzel der Ankergrade. Diese entwickeln eine Sogwirkung, ziehen Menschen mit bestimmten Konstellationen an, welche an die Ankergrade andocken und mit ihnen in Resonanz treten. Beim Eintritt in die Gruppe tauschen die Mitglieder ihren Eigenwert gegen einen Stellenwert. Sie nehmen eine bestimmte Rolle in der Gruppe ein. Diese Rolle, dieser Stellenwert orientiert sich nach dem Horoskop des Gruppengrundes. Die Rollen greifen seine Konstellationen auf, um sie durch ihren Stellenwert zu verwirklichen. Die Mitglieder werden zu Trägersubjekten des Gruppengrundes, des Leitsystems. Dabei lässt sich das Ur-Leitsystem der Gruppe nur selten eruieren, denn der Zeitpunkt der ersten Idee oder des ersten Gesprächs über die künftige Gruppe wird nur selten festgehalten. Meist lassen sich nur die daraus abgeleiteten jüngeren tektonischen Schichten recherchieren, welche in Form offizieller Akte (Gründungen, Anmeldungen etc.) schriftlich als Zeitpunkte vorliegen.

Solche Leitsysteme können auch Fernsehsendungen sein, in welchen Gruppen eine wichtige Rolle spielen: Sitcoms mit Familien, Reality Shows mit Kandidatengruppen oder Jurymitgliedern, Talk Shows mit einem Moderatorenteam und dergleichen. Hier ist stets der Beginn der Erstausstrahlung das Geburtshoroskop der Sendung, wie wir an folgendem Beispiel sehen:

PRAXIS FOKUS-GRUPPENHOROSKOP MIT LEITSYSTEM: DIE HÖHLE DER LÖWEN

Passend zum kapitalistischen Zeitgeist der 2010er Jahre ist „Die Höhle der Löwen" eine der erfolgreichsten Unterhaltungsshows im deutschen Sprachraum. Gründer und Erfinder mit innovativen Geschäftskonzepten suchen einen Investor, der ihrem Unternehmen mit Geld, Erfahrung und seinem Netzwerk zum Durchbruch am Markt verhilft. Eine Jury von erfahrenen Geschäftsleuten gibt ihre Einschätzung ab über Marktpotential und die Höhe der Unternehmensbewertung. Und schließlich wird bei attraktiven Ideen um Anteile gefeilscht.

Das Leitsystem

Im Innenkreis des Gruppenhoroskops sehen wir die Premiere der Sendung am 19. August 2014. In diesem Zeitpunkt ist die DNA der Serie gespeichert. Wie bereits der Titel nahelegt, finden wir eine starke Besetzung des Zeichens Löwe. Hier stehen sowohl die Sonne, als auch die beiden klassischen Wohltäter Jupiter und Venus in enger Konjunktion. Es geht ums Gestalten, Machen, Organisieren, etwas Eigenes aufzubauen, sein eigener Herr und Herrscher zu sein. Im sechsten Haus ist das mit viel Arbeit verbunden, welche dank dem Trigon zum MC auch zum Erfolg führt (wohlgemerkt zeigt das Horoskop die optimistische Selbstpräsentation der Sendung, nicht die graue Wirklichkeit dahinter). Die Sonne bringt es auf die Bühnen der Öffentlichkeit, ins siebte Haus. Dort thronen die Löwen, die Investoren, jovial und majestätisch auf ihren Ledersesseln und gewähren den Gründern Audienz.

Der Aszendent auf 15° Wassermann zeigt dabei, um was es geht: innovative, neuartige Ideen und Erfindungen. Aszendentenherrscher Uranus steht im zweiten Haus. Die Ideen wollen aus dem Wolkenflug in die materielle Verwertbarkeit. Im Widder tun sie dies auf pionierhafte Art und Weise. Auffällig ist zudem die Mars-Saturn-Konjunktion mitten im Skorpion. Zähe Gebirgsgämsen wollen durch alle Widerstände hindurch hinauf auf den Gipfel mit ihren Geschäftsmodellen, um das Geld der anderen zu erobern.

Auch der MC auf 10° Schütze zeigt die Stoßrichtung der Sendung sehr gut, befindet sich dort doch der mächtige Fixstern Antares. Dieser ist besonders einflussreich, weil er sich nahe der Ekliptik befindet. Planeten in Konjunktion mit ihm stehen deshalb auch visuell sehr nahe am Nachthimmel. Zu Deutsch bedeutet Antares „Gegen-Mars", weil er sowohl optisch, als auch inhaltlich eine starke Verwandtschaft zu Mars aufweist, dem Planet des Eroberns, des Militärs und des Unternehmertums. Diese geballte Energie wurde von klassischen Astrologen häufig als gefährlich und gewaltsam interpretiert. Da man heute aber nicht mehr allzu oft durch eine Schussverletzung am Schlachtfeld stirbt, lässt sich die mächtige Energie von Antares auch sehr konstruktiv nutzen. Vivian Robson bringt ihn am MC mit Ehre, Aufstieg und Glück in Verbindung.[28] Ebertin sieht geistige Regsamkeit, strategische Fähigkeiten, Mut und Draufgängertum angezeigt,[29] wichtige Eigenschaften jedes Unternehmers.

Die Investoren

Im Außenkreis sehen wir die fünf Investoren: Bei Jochen Schweizer (blau) mit seiner Planetenballung im Lebensquadranten (Krebs, Löwe, Jungfrau) stehen Erlebniswelten im Fokus („Du bist was Du erlebst"). Die Gefühlsebene, Empathie und das Menschliche sind wichtig. Das bringt er auch stark in der Sendung zum Ausdruck, wo seine Sonne auf die Spitze des fünften Hauses fällt.

Frank Thelen (hellblau) mit seiner starken Waagebetonung ist der Stratege und Taktiker. Seine Sonne steht an der Spitze des achten Hauses der Sendung, wodurch er gerne seinen Finger in die Schwachstellen der präsentierten Geschäftsideen bohrt.

Judith Williams (grün) mit ihrer randvollen Jungfrau ist die detailorientierte Perfektionistin mit hohem Qualitätsanspruch. Produkte müssen praktisch sein und über ein ausgezeichnetes Preis-Leistungsverhältnis verfügen. Ihr Jungfrau-Pulk fällt ins siebte Haus der Sendung. Und so bringt sie eine große Prise Bühnen-Glamour mit viel strahlendem Charme mit.

Die beiden neuen Löwen der dritten Staffel sind Ralf Dümmel und Carsten Maschmeyer. Ralf Dümmel (rot) mit seiner starken Feuerbetonung bringt Risikofreude und schnelle Entscheidungen, immer auf der Jagd nach Produktneuheiten für sein Handelsimperium. Seine Sonne-Venus-Konjunktion im Schützen fällt genau auf den MC der Sendung. Schnell etablierte er sich als neuer Leitlöwe, immer am edelsten gekleidet auf dem mittleren Platz sitzend.

Carsten Maschmeyer (grün), zum Neumond im Materie- und Depotzeichen Stier geboren, bringt neben seiner bodenständigen, gesetzten Art wohl auch das meiste Geld mit. Sicherheit, Dauerhaftigkeit und Solidität sind ihm bei den Investments sehr wichtig. Das Business muss bereits so weit entwickelt und aufgebaut sein, dass das Risiko einer Beteiligung überschaubar ist. Wie es sich für einen richtigen Stier gehört, erzählt er auch immer wieder gerne von seinem großen Hobby, der Gartenarbeit.

Cluster & Lücken

Bevor man sich im Gruppenhoroskop über die zahlreichen Details und Aspektverbindungen zwischen den einzelnen Horoskopen hermacht, sollte man zuerst den allgemeinen Charakter der Gruppe erfassen. Sehr auffällig ist, dass die für Start Ups so wichtige Innovationszone im Tierkreis (Wassermann, Fische, Widder) von den Investoren kaum besetzt ist. Das ist auch nicht verwunderlich, ist das Entwickeln innovativer Geschäftsideen doch Aufgabe der Gründer und Erfinder. Die Investoren sind in erster Linie für die Verbreitung und Monetarisierung zuständig, dafür, eine große Öffentlichkeit für die neuen Produkte zu schaffen. Daher drängen sich die Investoren-Planeten auch dicht im dritten Quadranten der Sendung, dem Quadranten der Öffentlichkeit.

Lediglich Judith Williams positioniert mit Mars-Mondknoten am Wassermann-Aszendenten der Sendung einen relevanten persönlichen Faktor in der Innovationszone. Es ist ihr ein Bedürfnis, persönlich an der Produktentwicklung mitzuarbeiten und auch eigene Ideen für Verbesserungen und Ergänzungsprodukte einzubringen. Bei den anderen Investoren steht die Verwertung der Geschäftsideen im Vordergrund. Im Idealfall finden sie eine fertige Cash Cow, für die sie nur noch eine größere Melkmaschine kaufen müssen, um ihr Investment zu vervielfachen. Astrologisch formuliert ist es die Aufgabe von Investoren, Ideen aus dem vierten Quadranten in den dritten Quadranten zu transferieren.

Ankergrade

Besonders aufschlussreich im Gruppenhoroskop ist, wie die Investoren an die zentralen Konstellationen der Sendung andocken. So ist der MC der Sendung auf Antares (10° Schütze) gradgenau von drei Löwen besetzt: Jochen Schweizer, Grand Signor und starkes Rückgrat der Sendung seit der ersten Folge, positioniert dort seinen Saturn. Im Team verkörpert er den Archetypus des Alten Weisen. Frank Thelen, Experte für immaterielle Geschäftsfelder wie Internet Start Ups und Apps, dockt dort mit seinem Neptun an. Da der Neptun aller aktuell um die Vierzigjährigen dort steht, repräsentiert er die Visionen und Träume von Selbständigkeit und Erfüllung im Beruf, wie sie viele in dieser Generation hegen. Diese Jahrgänge sind auch die Hauptzielgruppe der Sendung. Und auch die Sonne von Ralf Dümmel steht dort, was ihn zum neuen Platzhirschen im Investorenrudel macht.

Der MC-Herrscher Jupiter steht im ersten Löwe-Dekanat in Konjunktion mit Venus im sechsten Haus. Dies zeigt sich im Bild der optimistischen, unternehmungslustigen Gründer, welche hart arbeiten, viel Spaß dabei haben und viel Geld damit verdienen. Auch hier docken die drei erwähnten Investoren direkt an. Jochen Schweizer bringt hier die Extremsportler-Konstellation Mars-Uranus ein. Die Geschäftsideen müssen in sein Erlebnis-Imperium integrierbar sein. Frank Thelen positioniert hier seinen Saturn. Er und sein Team arbeiten hart und eifrig mit am kommerziellen Ausbau der unterstützten Firmen. Und Ralf Dümmel hat das Glück einer Mond-Jupiter-Konjunktion in diesen Tierkreisgraden. Viele der Produktideen fügen sich geschmeidig in sein Vertriebsimperium für Volksmassenware.

Der Jungfrau-Merkur im siebten Haus wird von Judith Williams repräsentiert. Die Produkte sollten Probleme des Alltags lösen und mit guten Preisen möglichst viele Menschen erreichen. Jedes Detail muss dabei stimmen. Als Merkur ist sie auch die redefreudigste, wobei der Duktus schnell ins schwärmerisch Schwelgende übergeht dank der Opposition zu Neptun. Der Branchenfokus liegt jungfrautypisch auf Gesundheit, Körperpflege und Ernährung.

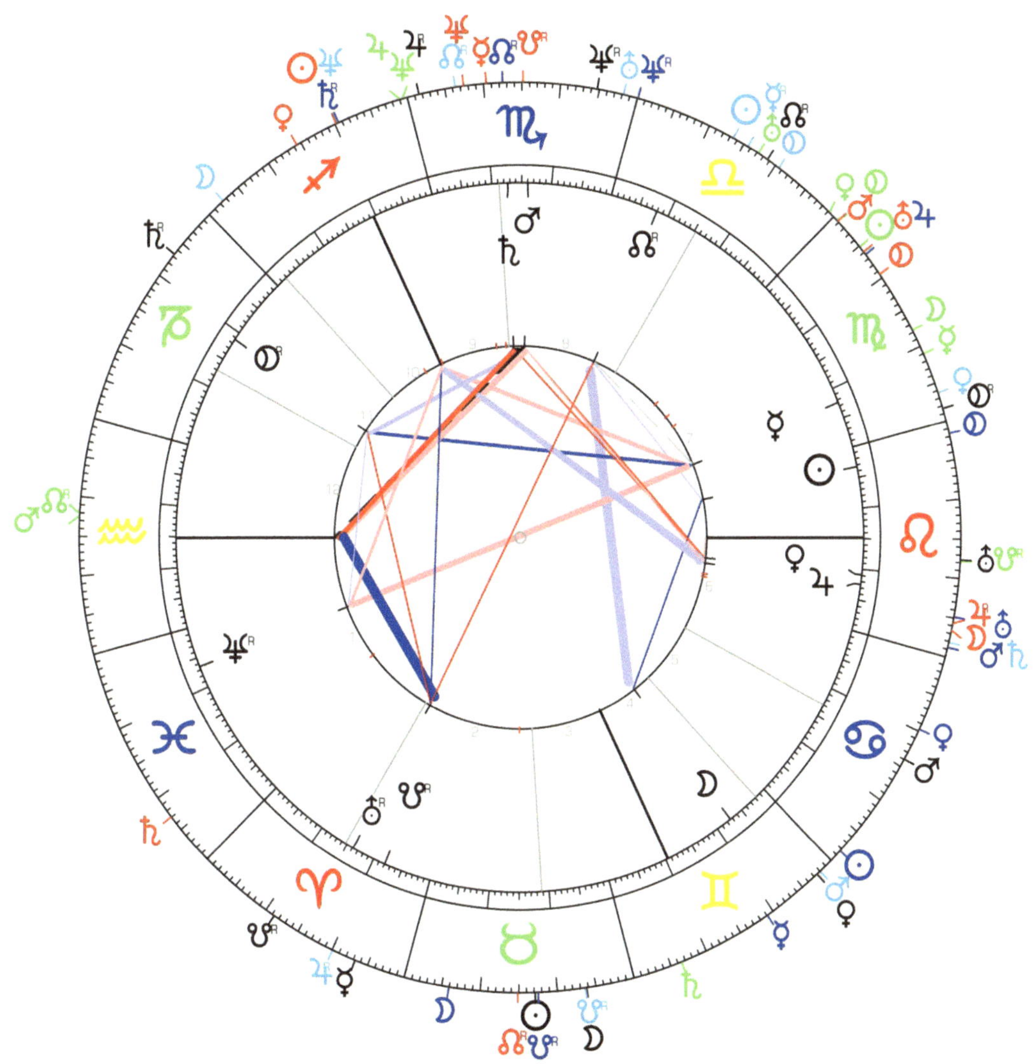

TV-Serie „Die Höhle der Löwen"
Fokus: Erstausstrahlung der Sendung

Jochen Schweizer Frank Thelen
Judith Williams Ralf Dümmel
Carsten Maschmeyer

WEITERE VARIANTEN DES GRUPPENHOROSKOPS

Der Vierschritt Kollektivanalyse – Rollenverteilung – Gruppendynamik und Fokusperspektive ist die wesentliche Grundlage des Gruppenhoroskop-Deutungssystems. Für die meisten Anwendungsbereiche, gerade in der astrologischen Beratung, ist die vorgestellte Methodik vollkommen ausreichend. Ein Großteil der engagierten Leser*innen wird darin genug Inspiration finden, um das System mit zahlreichen Praxisbeispielen zu üben und so in die tägliche Arbeit zu integrieren.
Die Möglichkeiten des Gruppenhoroskops gehen aber noch weit darüber hinaus. Im Laufe der Jahre habe ich zahlreiche weitere Varianten und Anwendungsmöglichkeiten entwickelt, welche gerade für Spezialfragen sehr hilfreich sind. Es würde den Rahmen sprengen, all diese Ansätze in diesem Buch vorzustellen. Dafür verweise ich auf meine Spezialseminare. Ich möchte aber folgend eine kleine Auswahl im Überblick vorstellen.

Die Gruppen-Gradliste

Enorm hilfreich in der Arbeit ist die Gruppen-Gradliste. Dabei handelt es sich um eine tabellarische Aufstellung der astrologischen Faktoren aller Gruppenmitglieder, geordnet in der Reihenfolge des Tierkreises. Die Liste zeigt alle Planetenpositionen, beginnend bei 0° Widder und endend bei 29° Fische. In der einfachen Version werden nur die Konjunktionen eingezeichnet. In der erweiterten Variante werden dort auch die Aspekte hinzugefügt, also nicht nur die Planetenpositionen, sondern auch deren Quadrate, Oppositionen und so weiter.
Diese Liste ist eine große Hilfe, um die Beziehungsgeflechte des Gruppenhoroskops im Detail zu analysieren. Auch als Ergänzung zur Horoskopgrafik liefert sie wertvolle Dienste, gerade wenn es darum geht, etwas unüber-

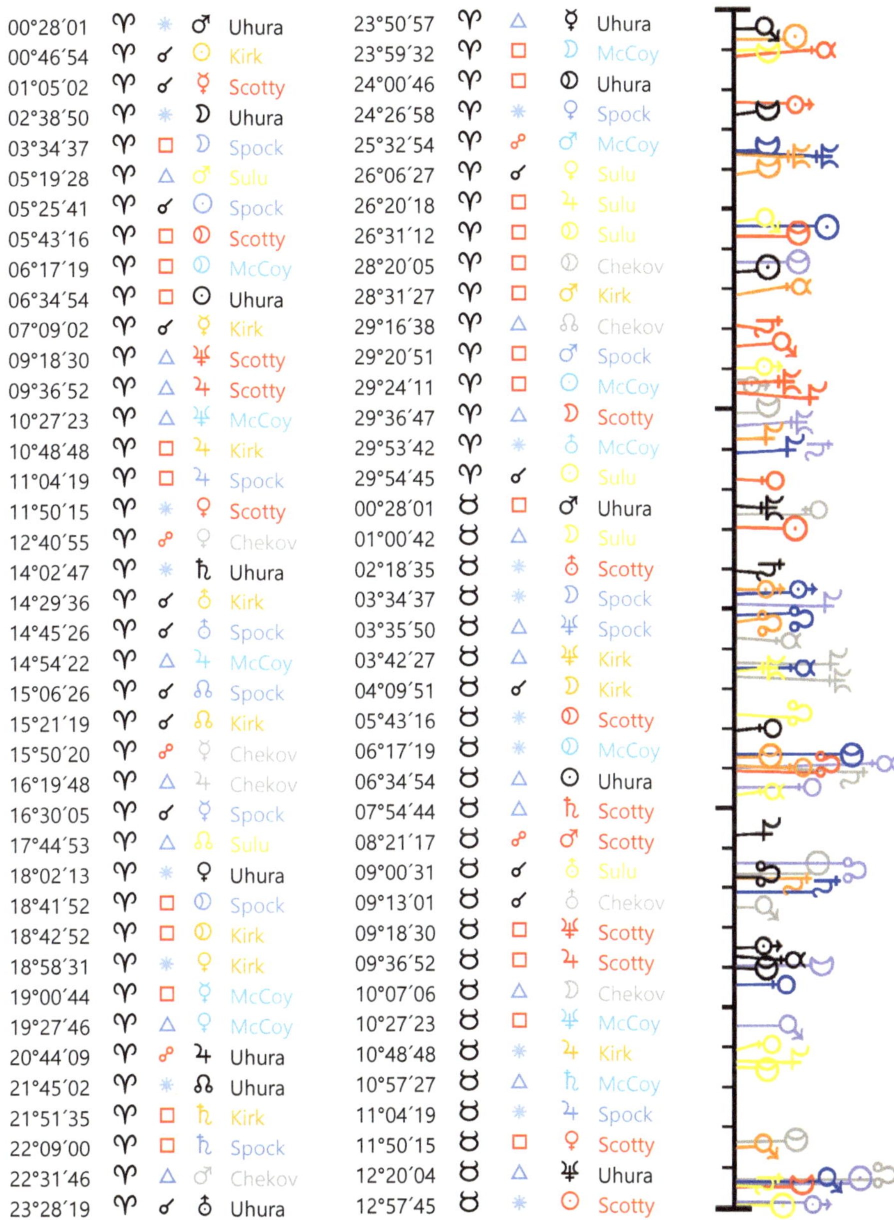

Grad	Zeichen	Aspekt	Planet	Person
00°28′01	♈	⚹	♂	Uhura
00°46′54	♈	☌	☉	Kirk
01°05′02	♈	☌	☿	Scotty
02°38′50	♈	⚹	☽	Uhura
03°34′37	♈	□	☽	Spock
05°19′28	♈	△	♂	Sulu
05°25′41	♈	☌	☉	Spock
05°43′16	♈	□	⚸	Scotty
06°17′19	♈	□	⚸	McCoy
06°34′54	♈	□	☉	Uhura
07°09′02	♈	☌	☿	Kirk
09°18′30	♈	△	♆	Scotty
09°36′52	♈	△	♃	Scotty
10°27′23	♈	△	♆	McCoy
10°48′48	♈	□	♃	Kirk
11°04′19	♈	□	♃	Spock
11°50′15	♈	⚹	♀	Scotty
12°40′55	♈	☍	♀	Chekov
14°02′47	♈	⚹	♄	Uhura
14°29′36	♈	☌	♅	Kirk
14°45′26	♈	☌	♅	Spock
14°54′22	♈	△	♃	McCoy
15°06′26	♈	☌	☊	Spock
15°21′19	♈	☌	☊	Kirk
15°50′20	♈	☍	☿	Chekov
16°19′48	♈	△	♃	Chekov
16°30′05	♈	☌	☿	Spock
17°44′53	♈	△	☊	Sulu
18°02′13	♈	⚹	♀	Uhura
18°41′52	♈	□	⚸	Spock
18°42′52	♈	□	⚸	Kirk
18°58′31	♈	⚹	♀	Kirk
19°00′44	♈	□	☿	McCoy
19°27′46	♈	△	♀	McCoy
20°44′09	♈	☍	♃	Uhura
21°45′02	♈	⚹	☊	Uhura
21°51′35	♈	□	♄	Kirk
22°09′00	♈	□	♄	Spock
22°31′46	♈	△	♂	Chekov
23°28′19	♈	☌	♅	Uhura
23°50′57	♈	△	☿	Uhura
23°59′32	♈	□	☽	McCoy
24°00′46	♈	□	⚸	Uhura
24°26′58	♈	⚹	♀	Spock
25°32′54	♈	☍	♂	McCoy
26°06′27	♈	☌	♀	Sulu
26°20′18	♈	□	♃	Sulu
26°31′12	♈	□	⚸	Sulu
28°20′05	♈	□	⚸	Chekov
28°31′27	♈	□	♂	Kirk
29°16′38	♈	△	☊	Chekov
29°20′51	♈	□	♂	Spock
29°24′11	♈	□	☉	McCoy
29°36′47	♈	△	☽	Scotty
29°53′42	♈	⚹	♅	McCoy
29°54′45	♈	☌	☉	Sulu
00°28′01	♉	□	♂	Uhura
01°00′42	♉	△	☽	Sulu
02°18′35	♉	⚹	♅	Scotty
03°34′37	♉	⚹	☽	Spock
03°35′50	♉	△	♆	Spock
03°42′27	♉	△	♆	Kirk
04°09′51	♉	☌	☽	Kirk
05°43′16	♉	⚹	⚸	Scotty
06°17′19	♉	⚹	⚸	McCoy
06°34′54	♉	△	☉	Uhura
07°54′44	♉	△	♄	Scotty
08°21′17	♉	☍	♂	Scotty
09°00′31	♉	☌	♅	Sulu
09°13′01	♉	☌	♅	Chekov
09°18′30	♉	□	♆	Scotty
09°36′52	♉	□	♃	Scotty
10°07′06	♉	△	☽	Chekov
10°27′23	♉	□	♆	McCoy
10°48′48	♉	⚹	♃	Kirk
10°57′27	♉	△	♄	McCoy
11°04′19	♉	⚹	♃	Spock
11°50′15	♉	□	♀	Scotty
12°20′04	♉	△	♆	Uhura
12°57′45	♉	⚹	☉	Scotty

Gruppen-Gradliste (Auszug) und 30-Grad-Linie der Star Trek Crew

sichtlichere Planetencluster sauber zu differenzieren. Ich habe bei der Deutung meist eine Gradliste neben der Horoskopgrafik liegen, um in solchen Fällen schnell nachsehen zu können und Ordnung in die Sequenz der Cluster zu bringen. Auch was zeitliche Auslösungen und Transite zum Gruppenhoroskop betrifft, erlaubt die Gradliste ein sehr präzises Arbeiten.

Die 30-Grad-Linie

Ebenfalls eine große Erleichterung in der Arbeit mit dem Gruppenhoroskop ist die 30-Grad-Linie. Hier werden alle Planetenpositionen auf einer Linie aufgetragen. Wir sehen also in der Vergrößerung ihre Gradpositionen innerhalb eines Tierkreiszeichens. Einerseits hilft diese Linie, um mit einem kurzen Blick die genaue Position einzelner Faktoren zu lokalisieren. Andererseits kann man an dieser Linie auch schnell die Aspektbeziehungen erkennen. Denn alle Faktoren, die auf der Linie in Konjunktion stehen, befinden sich auch im Horoskop in einem Aspekt zueinander, wobei wir alle Aspekte sehen, die auf 30° und dessen Vielfachem basieren (Halbsextil, Sextil, Quadrat, Trigon, Quinkunx und Opposition).

Gruppenhoroskop mit Planetoiden

Im Planetoiden-Gruppenhoroskop wird die Grafik um ausgewählte zusätzliche Faktoren ergänzt. Viele Astrolog*innen arbeiten ja bereits seit langem mit dem Kentauren Chiron und dem mathematischen Wirkpunkt Lilith. Auch die Verwendung von Körpern aus dem Asteroidengürtel hat eine gewisse Tradition, insbesondere die vier erstentdeckten Asteroiden Ceres, Vesta, Pallas und Juno. Selbstverständlich spricht nichts dagegen, damit auch im Gruppenhoroskop zu arbeiten. Dasselbe gilt für Anhänger der Hamburger Schule und deren Transneptuner Cupido, Hades, Zeus, Kronos, Apollon, Admetos, Vulkanus und Poseidon.
Darüber hinaus gibt es mittlerweile eine Vielzahl weiterer Faktoren. Im Jahr 1992 wurde der Kentaur Pholus entdeckt, bald darauf das erste Transnep-

tunische Objekt „1992 QB1". Und plötzlich brach eine orkanische Entdeckungsflut über die Astronomie herein, in der kaum ein Monat verging ohne spektakuläre Meldungen über neue Funde. Mittlerweile zählt man in unserem Sonnensystem fast 700.000 Planetoiden, davon mehr als ein Dutzend mit einem Durchmesser von über 500 Kilometern.[30] Und täglich werden es mehr. Wurde dem Kentaur Pholus noch eine gewisse Beachtung zuteil, etwa im hervorragenden Buch von Robert von Heeren und Dieter Koch,[31] so wurde die Astrologie dieser Inflation von Deutungsfaktoren bald überdrüssig. Wie sollte man diese Myriaden von Kentauren, TNOs, Cubewanos, SDOs und sonstigen Gesteinsbrocken auch vernünftig im Horoskop integrieren? Nach welchen Kriterien sollte man eine Auswahl treffen, wie die astrologische Bedeutung all dieser Kleinkörper erforschen? So behelfen sich die meisten Astrolog*innen heute damit, dem nur 200 km großen Chiron aus Gewohnheit erhebliche Bedeutung zuzuschreiben, ansonsten aber das Thema Planetoiden zu ignorieren.

Nun zeigt aber die Erfahrung der letzten Jahrhunderte, dass Neuentdeckungen am Firmament stets mit Emergenzen, mit dem Aufkommen eines neuen Zeitgeistes, dem Erreichen einer neuen Bewusstseinsstufe der Menschheit einhergehen. Himmelskörper werden entdeckt, wenn sie astrologisch notwendig werden, um die gewachsene Komplexität der sich entwickelnden Welt angemessen zu beschreiben. Und dieser Fortschritt stellt auch die passenden Werkzeuge zur Verfügung, um der neuen Deutungsfaktoren Herr zu werden: Dank der SWISS EPHEMERIS vom ASTRODIENST Zürich können die Positionen sämtlicher bekannter Planetoiden auf Knopfdruck berechnet werden. Archive wie die ASTRODATABANK stellen zehntausende Horoskope mit exakter Geburtszeit zur Forschung zur Verfügung. Millionen genauer Daten von Weltereignissen können online abgerufen werden. Es besteht also kein Grund, sich mit dem Instrumentarium der Altvorderen zu begnügen. Vielmehr ist die Astrologie aufgefordert, die Werkzeuge des 21. Jahrhunderts zu nutzen, um ihr System zu erweitern.
Planetoiden-Astrologie ist also nicht müßige Spielerei, sondern essentiell, um die astrologische Wahrnehmungsbrille anzupassen an die überborden-

de Multidimensionalität unseres Daseins, wie sie die pluralistische Informationsgesellschaft der Postmoderne gebracht hat.

Im Gruppenhoroskop ist die Integration der Planetoiden natürlich eine noch viel größere Herausforderung. Wird der Platz in einer einfachen Radix bereits schnell knapp und unübersichtlich, so verdoppelt sich das Chaos mit jeder weiteren Person im Gruppenhoroskop. Deshalb möchte ich hier zwei wesentliche Tipps geben: Wie beim regulären Gruppenhoroskop sollte man auch bei der Planetoidenvariante die schnelllaufenden Faktoren im Innenkreis, die langsamlaufenden Faktoren im Außenkreis eintragen. Als Richtwert dient die Sphäre Saturns. Alles was sich schneller als 30-35 Jahre um die Sonne bewegt, sollte in den Innenkreis, also beispielsweise die Asteroiden oder Lilith. Alle Faktoren mit einer längeren Umlaufbahn sollten in den Außenkreis: Chiron, Pholus, Nessus, Eris und so weiter. Dadurch bleiben die Individualebene und die Generationenprägung weiterhin sauber getrennt.
Zudem sollte man die Planetoiden sorgfältig nach Thema und Fragestellung auswählen. Es macht keinen Sinn, das gesamte Arsenal einzutragen. Wie bereits in der Einleitung erläutert, sollte das Gruppenhoroskop stets in Bezug auf eine konkrete Fragestellung betrachtet werden. Anderenfalls verliert man sich schnell in nebensächlichen Details. Ähnlich ist es mit den Planetoiden. Geht es in der Gruppe stark um Frauenthemen, so ist das Hinzuziehen von Lilith sehr hilfreich. Geht es um Karriere- und Wettbewerbsthemen, gibt es oft Konkurrenzkämpfe, so sollte auf jeden Fall Eris betrachtet werden. Ist das Problem in der Gruppe Missgunst und Rachsucht, so sollte man auf jeden Fall einen Blick auf den alten Kentaurenfiesling Nessus werfen. Bei allen Belangen, welche die Arbeitswelt betreffen, können die Saturn-Uranus-Brücken interessant sein: Chiron, Thereus, Pylenor, Pelion und Chariklo. Sie zeigen, welche Balance die Mitglieder finden zwischen Ordnung (Saturn) und Freiheitsdrang (Uranus).[32]

Leider gibt es im deutschsprachigen Raum kaum Literatur über dieses faszinierende Universum, welches die Planetoiden der Astrologie eröffnen. Einer der frühen Pioniere ist Robert von Heeren, dessen Centaur Research Project auf der Website kentauren.info bereits seit 1997 wertvolle Infos wie Planetoidenbahnen und Entdeckungshoroskope zur Verfügung stellt. Zahlreiche hervorragende Artikel hat Werner Held geschrieben, bei dem man auch ein Dossier mit der Bedeutung von 500 Planetoiden bestellen kann.[33] Von Frank Felber gibt es das Buch „121 Himmelskörper"[34], welches aber leider seit längerem vergriffen ist. Und Rolf Liefeld hat auf seiner Website einige spannende Fakten und Deutungshinweise für wichtige Planetoiden veröffentlicht.[35] Schließlich möchte ich noch auf meinen Artikel „Die Planetoiden-Matrix" in der Fachzeitschrift MERIDIAN hinweisen, in dem ich die Bedeutung der Saturn-Uranus-Brücken erkläre und zudem ein neues Ordnungssystem für die Verwendung von Bahnkreuzern vorstelle.[36]

Eine Expertenvariante ist der Planetoiden-Ring. Hier wird tatsächlich das gesamte Planetoidenarsenal im Horoskop eingezeichnet. Es werden aber nicht alle Tierkreisbereiche betrachtet, sondern lediglich die neuralgischen Punkte, wo die großen Ankeraspekte der Gruppe hinfallen. Dann kann man mit sehr engem Orbis (1-2°) eine Feinanalyse dieser Punkte vornehmen und dadurch den Anker in der Tiefe erforschen. Auch dieser Ansatz bietet ein sehr effektives Selektionskriterium. Denn durch den engen Orbis bleiben bei einem Set von ca. 100 Zusatzfaktoren am Ende meist nur vier bis fünf übrig, welche auch in diese sensiblen Zonen fallen.
Diese Ausführungen zum Planetoiden-Gruppenhoroskop betreffen natürlich auch alle anderen Zusatzfaktoren wie beispielsweise Planetenknoten oder Arabische Punkte.

Das Gruppenhoroskop im 90-Grad-Kreis

Die 90-Grad-Scheibe wurde ursprünglich von der Hamburger Schule in die Astrologie eingeführt, um die von ihr verwendeten Hauptaspekte besser sichtbar zu machen.[37] Neben Konjunktion, Opposition und Quadrat zählen die Hamburger alle Winkel, die auf der fortlaufenden Zweiteilung des Kreises basieren, zu den Hauptaspekten, also auch das Oktil vulgo Halbquadrat (45°) und das Trioktil vulgo Anderthalbquadrat (135°). Da letztere Aspekte mit dem freien Auge nur schwierig in der konventionellen Horoskopgrafik aufzufinden sind, wurde die 90-Grad-Scheibe entwickelt.

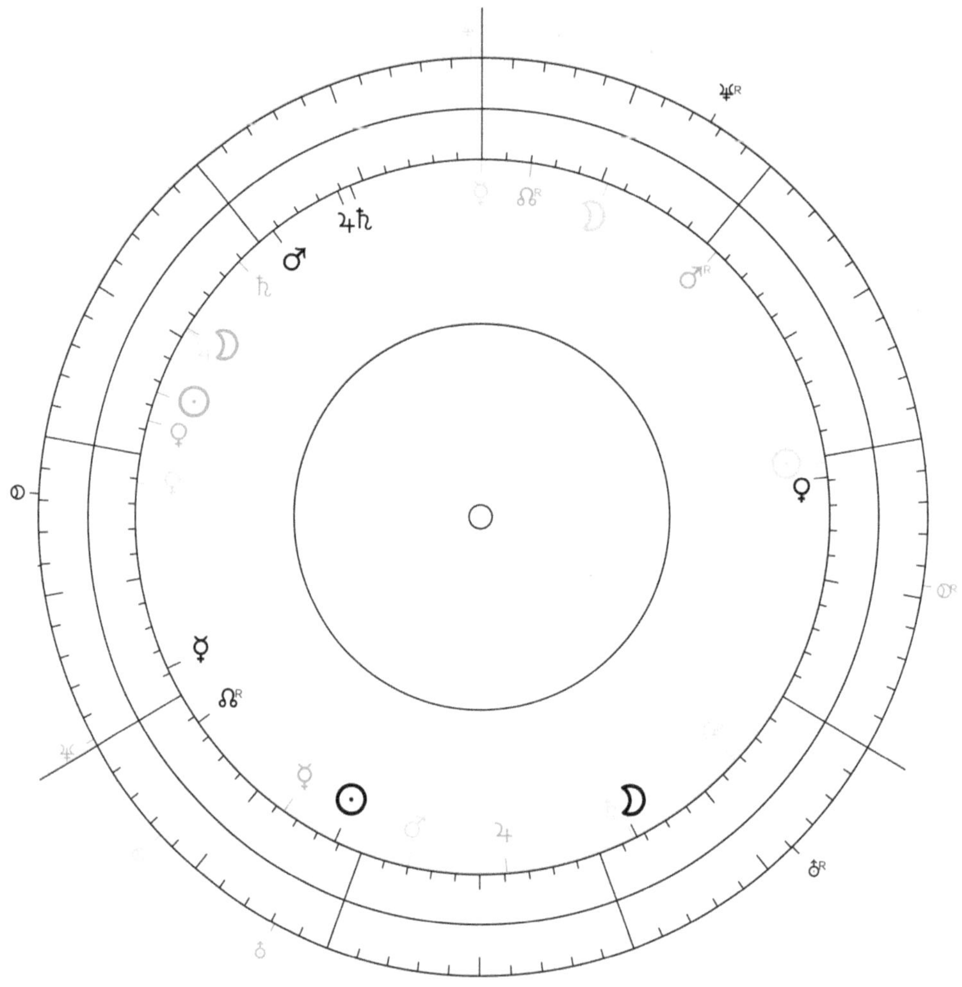

Das Gruppenhoroskop im 90-Grad-Kreis – Drei TV-Sender (Beispiel siehe S. 160ff)

Statt der üblichen 360 Grad des Zodiaks wird der Kreis in 90 Grad unterteilt. Dadurch überlappen sich alle Zeichen desselben Impulses: im ersten Abschnitt befinden sich alle kardinalen Zeichen, im zweiten alle fixen und im

dritten alle beweglichen Zeichen. Konjunktion, Opposition und Quadrat erscheinen dadurch als Konjunktion. Oktil und Trioktil werden als Opposition dargestellt.
Ein Gruppenhoroskop im 90-Grad-Kreis hat den Vorteil, dass die Ankerkreuze sehr schnell sichtbar werden, und zwar als Ballungen. Zudem sind in dieser Darstellung die einzelnen Tierkreisgrade viel größer eingezeichnet, wodurch die genauen Planetenpositionen bereits in der Grafik sehr exakt verortet werden können.

Das Häuser-Gruppenhoroskop

Eine technisch komplexere Variante ist das Häuser-Gruppenhoroskop. Es ist mit erheblichem Rechenaufwand verbunden, der sich in manchen Spezialfällen aber lohnt. Voraussetzung hierfür ist, dass für alle Mitglieder die exakten Geburtszeiten vorliegen. Fixpunkt ist hier nicht der Tierkreis, sondern der Häuserkreis. Die grundlegende Häuserproblematik, welche ich im Abschnitt über „Cluster & Lücken im Häuserkreis" dargelegt habe,[38] muss für diese Variante ausgeblendet werden.
Da die Häusergröße zwischen verschiedenen Horoskopen stark variiert, müssen diese erst rechnerisch standardisiert werden auf eine Normgröße von 30 Grad. In diesem Häuserkreis werden alle Planeten verhältnismäßig so eingetragen, wie sie auch im Einzelhoroskop stehen, z.B.:

Größe Haus 12: 60°
Position Mars: 4° nach dem Aszendenten in 12

30 : 60 x 4 = 2

Standardisierte Häusergröße: 30°
Position Mars im Häuser-GH: 2° nach dem Aszendenten in 12

Eine zweite, noch komplexere Variante besteht darin, die Durchschnittsgrößen der jeweiligen Häuser aller Mitglieder zu berechnen und den standardisierten Häuserkreis daraus zu konstruieren. Da die Häuser aber ohnedies immer nur eine Näherung sind, lohnt sich der zusätzliche Rechenaufwand in der Regel nicht.[39]

Das Häuser-Gruppenhoroskop zeigt, in welchen persönlichen Lebensbereichen sich die Mitglieder treffen, welche Motivstruktur sie teilen. Gibt es beispielsweise eine Ballung im 12. Haus, so werden die Mitglieder sich darin einig sein, gerne allein und in Ruhe zu arbeiten. Selbstverständlich kann man auch bei dieser Variante die Fundamentaltypen auszählen. Insbesondere die vier Häuserquadranten sind von essentieller Bedeutung.

Hilfshoroskope in der Gruppenvariante

Selbstverständlich lässt sich das Gruppenhoroskop auch mit jeglicher Form von Hilfshoroskopen erstellen. Gerade wenn keine genaue Geburtszeit vorliegt, man aber trotzdem mit Hilfsachsen arbeiten möchte, bieten sich verschiedene Varianten an.

Beispielsweise zeigen Sonnenaufgangshoroskope, was an einem bestimmten Tag an einem bestimmten Ort für Hauptthemen in Erscheinung treten. Das betrifft sowohl Ereignisse, als auch Geburten. Technisch wird bei diesem Hilfshoroskop die Sonne exakt auf den Aszendenten gelegt, wodurch man für den Ort einen eigenen Tages-MC erhält. Hilfreich sind auch die anderen drei Achsenhoroskope mit der Sonne am Meridian, am Deszendenten und am Nadir, wobei man bei allen vier Varianten immer die ungefähre Tageszeit des Ereignisses oder der Geburt kennen sollte. Ereignet sich diese beispielsweise vor Sonnenaufgang, so ist dafür das Sonnenaufgangshoroskop des Vortages zuständig.

Ein anderes wichtiges Hilfshoroskop ist der von Claude Weiss und Verena Bachmann entwickelte „Karmische Neumond". Er zeigt den Inkarnationsauftrag für dieses Leben an und wird auf den letzten Neumond vor der Geburt berechnet. Dieses Hilfshoroskop ist auch dann sehr wertvoll, wenn man nicht an Wiedergeburt glaubt, indiziert es doch, was im entsprechenden Monat das Ergebnis des gefühlskongruenten Handelns ist, die Monatsqualität des entsprechenden Ortes. Eine ausführliche Darstellung dieser spannenden Technik gibt es im Buch „Warum wir uns inkarnieren – Das Geheimnis des karmischen Neumondes" von Claude Weiss.[40]

Die verschiedensten Arten von Hilfshoroskopen lassen sich auch in der Gruppenvariante darstellen. Besonders spannend sind beispielsweise ein Sonnenaufgangs-Gruppenhoroskop von Mitarbeitern einer Abteilung, von denen nur die Geburtstage vorliegen, oder ein Neumond-Gruppenhoroskop einer Familie oder einer Ahnenreihe.

Prognostik mit dem Gruppenhoroskop

Eine wichtige Anwendung des Gruppenhoroskops ist die Prognostik. Es eignet sich wie kein anderes Instrument dafür, komplexe Wechselwirkungen zwischen Horoskopgruppen und laufenden Transiten zu durchleuchten. Aber auch verschiedene prognostische Hilfshoroskope können komfortabel in die Zusammenschau gebracht werden. Hier möchte ich einige Varianten kurz vorstellen:

Transite im Gruppenhoroskop

Die einfachste Variante sind die Transite auf das Gruppenhoroskop. Gerade wenn die Gesellschafts- und Generationenplaneten Jupiter, Saturn, Uranus, Neptun und Pluto in Ankerkreuze hineinlaufen, ist mit erheblichen Aktivitäten und Veränderungen in der Gruppe zu rechnen. Ein Beispiel für diese Anwendung gibt es im Praxisteil. Dort wird ein Einblick gegeben, wie markante Transite auf das Gruppenhoroskop der bekannten TV-Sendung „Wetten, dass..?" den schweren Unfall im Rahmen einer Sportwette und darauf folgend das Ende der Sendung deutlich anzeigen.[41] Es gibt aber noch eine Reihe weiterer spannender Möglichkeiten, das Gruppenhoroskop für den Bereich der Prognostik zu nutzen:

Das Progressive Gruppenhoroskop

Das Geburtshoroskop zeigt die Wesensstruktur eines Menschen oder eines Ereignisses. Das Erschaffene nimmt diese Prägung ein Leben lang – und darüber hinaus - mit. Darum wird auch häufig vom Radix gesprochen, dem Wurzelhoroskop. Dennoch ist der Mensch kein statisches Wesen. Vielmehr verändert er sich im Zeitverlauf. Über die Jahre und Jahrzehnte entwickelt er sich weiter. Vorlieben und Interessen ändern sich. Das persönliche Umfeld ist Wandlungen unterworfen. Man durchläuft verschiedene Lebensphasen, Herausforderungen und Brüche. Jedes Jahr bringt eine Fülle an neuen Ereignissen, welche unser Leben bereichern und uns neue Seiten an uns entdecken lassen. Zwar haben wir einen stabilen Wesenskern, der sich im Geburtshoroskop ausdrückt. Gleichzeitig verändern wir uns aber über die Jahre und Jahrzehnte.
Diese Veränderungen spiegeln sich in den Progressionen und Direktionen. Sie berechnen sich nach symbolisch-analogischen Prinzipien wie beispielsweise ein Tag oder Grad für ein Jahr oder Monat. Es gibt Primärdirektionen, Sekundär- und Tertiär-Progressionen. Es gibt Planetenbogendirektionen, deren bekannteste Variante die Sonnenbogendirektion ist, und viele mehr. Alle Direktionen und Progressionen können zudem auch rückwärts (Fachbegriffe „konvers", „regressiv" oder auch „retrograd") berechnet werden, wodurch sich die Anzahl der Auslösungen nochmals verdoppelt.

Für diejenigen, die mit einer dieser Methoden arbeiten und in jahrelanger Praxis ihren bevorzugten Direktionsschlüssel gefunden haben, ist das Progressive Gruppenhoroskop eine wertvolle Erweiterung. Hier werden nicht die Geburtshoroskope der Mitglieder eingetragen, sondern deren Progressionshoroskope zu einem fest definierten Zeitpunkt. Das kann beispielsweise ein wichtiges Ereignis sein, welches die Gruppe existentiell betrifft. Im Progressiven Gruppenhoroskop sehen wir, wie die Mitglieder aus Sicht ihrer aktuellen persönlichen Lebenssituation zueinander stehen. Bei der Sonnenbogendirektion wird sich dieses Verhältnis nur langsam verschieben (ca. 1 Grad pro Jahr). Bei der Sekundär-Progression hingegen (1 Tag = 1 Jahr), bewegen sich die Monde ca. 13 Grad pro Jahr. Dadurch entstehen fast wöchentlich neue Beziehungsgeflechte innerhalb des Progressiven Gruppenhoroskops. In dieser Variante kann man sehr gut die innere Dynamik erkennen, die permanent sich wandelnden Stimmungen in der Gruppe, wer gerade gemeinsam eine gute Zeit hat und wer sich gerade auseinanderdividiert.

Das Prognoskop

Das Prognoskop ist eine Spezialvariante des Gruppenhoroskops, welche ich im Juni 2016 in ASTROLOGIE HEUTE (Nr. 181) erstmals vorgestellt habe.[42]
Im Gegensatz zum Progressiven Gruppenhoroskop geht es hier nicht darum, einen Personenkreis in seiner aktuellen Situation darzustellen. Vielmehr soll das Prognoskop für eine einzelne Person einen Überblick über ihre verschiedenen Auslösungen geben.
Das Prognoskop erlaubt eine Zusammenschau aller relevanten Prognosetechniken für einen definierten Zeitpunkt. Analog zum Gruppenhoroskop werden im Prognoskop alle Prognosetechniken im selben Tierkreis eingezeichnet. Im Innenkreis befindet sich das Radixhoroskop. Im Außenkreis werden alle verwendeten Techniken dargestellt, wobei die Unterscheidung über verschiedene Farben erfolgt. Wie beim Gruppenhoroskop sollte auch hier die Farbzuordnung nach einer gewissen Systematik vorgenommen werden. Beispielsweise verwende ich für die Sekundärprogression immer Blau, für die Sonnenbogendirektion Rot. Die progressiven Direktionen bekommen dunkle, die konversen Direktionen helle Farben.

Derart kann man nun die Methoden seiner Wahl in einer Grafik zusammenstellen und beliebig kombinieren, beispielsweise Transite, Solar und Lunar oder verschiedene progressive und konverse Direktionen in Kombination mit Häuserrhythmen. Das Prognoskop kann also sehr individuell an die bevorzugte Arbeitsweise angepasst werden. Folgend ein paar meiner bevorzugten Varianten:

Das Planetar-Prognoskop

Viele Astrolog*innen arbeiten gerne mit dem Solar, manche auch mit dem Lunar. Diese werden berechnet auf den Zeitpunkt der Wiederkehr von Sonne oder Mond auf den exakten Ausgangspunkt der Geburt. Solche Planetare lassen sich auch auf alle anderen Planeten berechnen, sofern deren Wiederkehr im Laufe einer Lebensspanne erreicht wird, also auch ein Merkar, Venar, Marsar, Jupitar, Saturnar bis hin zum Uranusar für alle, die das Alter von 84 Jahren erleben.
All diese Planetare lassen sich nun in einem Gruppenhoroskop zusammenfassen, wodurch man erkennen kann, welche neuen Schichten der Geburtsplaneten momentan das eigene Dasein überziehen. Es werden Solar, Lunar, Merkar, Venar, Marsar, Jupitar und Saturnar eingezeichnet. Je nach untersuchtem Zeitpunkt werden die verschiedenen Schalen ausgetauscht, das Lunar alle 28 Tage, das Solar jedes Jahr und so weiter. So erhält man das jeweils dominante Strukturbild für einen Zeitraum und kann zum Beispiel die laufenden Transite dazu berechnen, um die Zeitpunkte besonderer Auslösungen zu präzisieren.

Das Planetenbogen-Prognoskop

Im Planetenbogen-Prognoskop wird der Sonnenbogen ergänzt um die Bögen von Mond, Merkur, Venus und Mars. So sieht man nicht nur das subjektiv Erlebte, sondern auch die Ebenen der anderen persönlichen Planeten: Mond für das Gefühlsleben, Merkur für Kommunikation und so weiter. Hier ist zu beachten, dass die Aspekte der konversen Direktionen nur für die Sonne weitgehend deckungsgleich mit der progressiven Variante sind. Beim Mond unterscheiden sich beide deutlich aufgrund der Unregelmäßigkeiten seiner Geschwindigkeit durch den Tierkreis. Bei den anderen Planeten kommen zudem die Rückläufigkeitsphasen hinzu. Insofern sind hier progressive und konverse Direktionen als eigenständige Ebenen zu deuten. Lediglich die Tatsache bleibt, dass wie bei der Sonnenbogendirektion das

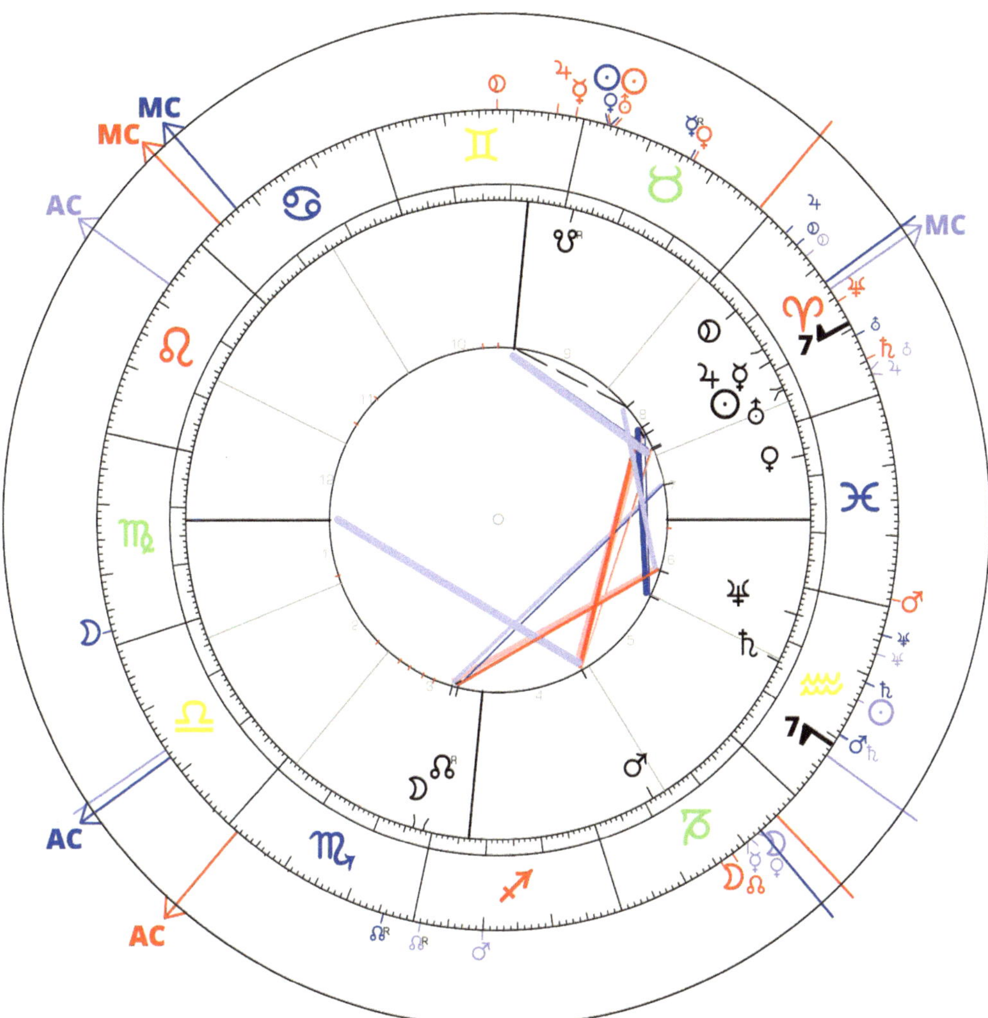

Prognoskop „Entdeckung der Röntgenstrahlung“

Innen: Radix Wilhelm Röntgen
Außen: Prognoskop für den Entdeckungstag am 08.11.1895:
dunkelblau = Sekundärprogression, hellblau = konverse Sekundärprogression,
rot = Sonnenbogendirektion, schwarz = 7er Rhythmus Placidus

Aspektgefüge in sich konstant ist und insofern nur die Aspekte zur Radix beachtet werden müssen.

Das Rhythmen-Prognoskop

Sehr beliebt in der Astrologieszene sind mittlerweile die Häuserrhythmen. Bei diesen wandert ein Auslösungspunkt mit einem bestimmten Rhythmus vom Aszendenten ausgehend durch die Häuser. Läuft er dort über Planeten und deren Aspekte oder über besondere Tierkreisgrade, so werden entsprechende Ereignisse ausgelöst. Bereits Frank Glahn, der große Astrologe der Zwischenkriegszeit, stellte diese Methode in den 1920er Jahren vor. Er arbeitete mit einem Rhythmus von 25 Jahren pro Haus gegen den Uhrzeigersinn und Rhythmen von 7 bzw. 8 ⅓ Jahren pro Haus im Uhrzeigersinn.[43] Heute besonders populär sind der 7er Rhythmus der Münchner Rhythmenlehre durch Placidushäuser und der 6er Rhythmus der Huber-Methode durch Koch-Häuser („Alterspunkt").

Im Rhythmen-Prognoskop werden die Auslösungspunkte der verschiedenen verwendeten Häuserrhythmen eingezeichnet, z.B. der 6er, 7er und 10er Rhythmus obenherum und untenherum vom Aszendenten. Dabei ist es auch möglich, mehrere Häusersysteme in einer Grafik zu kombinieren, um beispielsweise den 7er Rhythmus nach Döbereiner in Placidus und den 6er Rhythmus der Huber-Methode in Koch-Häusern gleichzeitig darzustellen. Da diese Auslösungspunkte im Horoskop nur wenig Platz beanspruchen, kann diese Variante auch sehr gut mit anderen Prognoskoparten kombiniert werden.

Reduktion als Schlüssel zur Klarheit

Der Fantasie sind bei der Kombination verschiedener Prognosetechniken keine Grenzen gesetzt. Allerdings kommt man in der Praxis irgendwann ans Limit der eigenen Denkkapazität. Sicher kann das Prognoskop dazu verlocken, eine Vielzahl von Methoden zu integrieren. Auch eignet es sich hervorragend, um verschiedene Techniken systematisch miteinander zu vergleichen und so herauszufinden, welche einem persönlich das Zeitgeschehen am besten vermittelt. Doch ist nicht alles was machbar ist auch sinnvoll. Der Informationsgewinn wird schnell zur Informationsüberflutung, welche die Deutung mehr erschwert als vereinfacht. Der Vorgang ist mit einer Fotoplatte vergleichbar. Belichtet man diese nur mit Röntgenstrahlen, so werden dadurch bislang verborgene Strukturen deutlich sichtbar. Die Knochen hinter der Haut kommen zum Vorschein. Nimmt man den sichtbaren Teil

des Lichtes dazu und überblendet beide geschickt, so erhält man nochmals ein vollständigeres Bild. Treibt man das Spiel weiter und bildet zudem Infrarot, Ultraviolett und zahlreiche weitere Frequenzen ab, so zeigt das Foto recht bald nur noch weißes Rauschen.

Deshalb sollte man sich in der täglichen Arbeit auf die wenigen ausgewählten Techniken konzentrieren, mit welchen man im Lauf der Jahre die besten Erfahrungen gemacht hat, deren Funktionsweise man versteht und die sich sinnvoll ergänzen. Der Schlüssel ist eine bewusste Reduktion. Dann ist das Prognoskop eine enorme Erleichterung, um mit klarem Röntgenblick die Verwobenheiten der zeitlichen Entwicklungsstränge zu durchleuchten.

Das Gruppenhoroskop in der Aufstellung

Schließlich ist das Gruppenhoroskop prädestiniert, um die astrologische Aufstellungsarbeit erheblich zu erweitern und damit in ganz neue Tiefenschichten sozialer Verbindungen vorzudringen. Normalerweise werden Einzelhoroskope aufgestellt. Dabei repräsentieren verschiedene Teilnehmer die verschiedenen Planeten des Horoskops. Sie schlüpfen in ihre Rolle und interagieren dann miteinander. Dadurch werden die inneren Beziehungen zwischen den Planeten sichtbar.

Auch diese Methode lässt sich zum Gruppenhoroskop erweitern, in welchem alle Mitglieder auf einmal vorkommen. Ginge man hier wie bei der konventionellen Variante vor, so gäbe das ein heilloses Durcheinander. Man bräuchte einen riesigen Horoskopkreis und allein bei einer kleinen Familie mit vier Personen bereits 4 x 12 = 48 Stellvertreterpersonen für die Hauptfaktoren. Deshalb werden beim Gruppenhoroskop in der Aufstellung die verschiedenen Schichten und Problemfelder einzeln behandelt. Die genaue Methodik werde ich zu gegebenem Zeitpunkt ausführlicher vorstellen. An dieser Stelle möchte ich als Anregung aber die beiden wichtigsten Schritte erläutern. Es sind dies das Aufstellen der Planetenfelder und der Ankergrade:

Aufstellen der Planetenfelder

Um die innere Struktur der Gruppe zum Leben zu erwecken, sollte mit dem Aufstellen der einzelnen Planetenfelder begonnen werden. Diese Methode habe ich bereits im Kapitel über die „Rollenverteilung" vorgestellt. Am besten beginnt man mit den Sonnen und den Monden. Zuerst stellt sich jedes Mitglied an die Position seiner Sonne. Das Sonnenfeld entsteht. Die Sonnen interagieren miteinander und offenbaren dadurch, wie sich das strahlende Prinzip im Gruppenhoroskop äußert und welche Gestalt es hat. Wenn die Energie des Sonnenfelds sich ausreichend entfaltet hat und geklärt ist, dann stellt sich jedes Mitglied an die Position seines Mondes. Das Gefühlsfeld der Gruppe entsteht. So wird mit allen Planeten bis Saturn verfahren, inklusive AC, MC und Mondknoten. Im Laufe dieses Prozesses wird die innere Struktur des Gruppenhoroskops Schritt für Schritt ins Erleben gebracht. Ist dieser Vorgang vollendet, so hat jedes Mitglied ein Gefühl dafür bekommen, wo seine verschiedenen Wesensanteile im Kontext der Gruppe stehen. Dieser Schritt ist wichtig bevor man in die komplexen Verflechtungen einsteigt.

Aufstellen der Ankeraspekte

Im zweiten Schritt werden die Ankeraspekte aufgestellt, also jene Tierkreisbereiche, an welchen die meisten Mitglieder beteiligt sind und die dadurch die Gruppe zusammenhalten. Hierbei schlüpft jeder in die Rolle seines eigenen beteiligten Planeten. Typische Interaktionsszenen aus der Gruppe werden dargestellt, in welchen das Wesen aller beteiligten Planeten und deren Konflikte zueinander sichtbar werden. Sollte ein Mitglied mehrere Planeten im Ankeraspekt hängen haben, so werden diese entweder nacheinander abgetragen oder es finden sich externe Stellvertreter dafür. Noch viel effektiver ist es in einem solchen Fall, mit den Kopulationssignaturen zu arbeiten, was aber sehr viel Können und Erfahrung erfordert.

Hat man sowohl die Planetenfelder, als auch die wichtigen Ankeraspekte aufgestellt, so befindet sich die Gruppe in einer mächtigen Kuppel mitsamt ihrer tragenden Säulen, ist tief in der Sphäre des Gruppenfeldes eingetaucht. Nun kann als dritter Schritt die Arbeit an jenen spezifischen Gruppenkonstellationen beginnen, welche problematische Verstrickungen anzeigen und gelöst werden sollen.

PRAXISBEISPIELE

Damit ist der Theorieteil vollendet. Das vorgestellte Deutungssystem ist sehr hilfreich, um systematisch Schritt für Schritt durch das Gruppenhoroskop zu gehen und es in Bezug auf eine bestimmte Frage oder Problemstellung zu analysieren. Es empfiehlt sich, diesen Vierschritt in der Einarbeitungsphase konsequent durchzuexerzieren bei jedem neuen Beispiel. Wenn man dann seine Wahrnehmung und Methodik entsprechend geschult hat, wird es immer leichter, das Deutungssystem flexibel handzuhaben und sich von der Eigenart des jeweiligen Gruppenhoroskops direkt auf die richtige Fährte leiten zu lassen.
Um einen Eindruck von der Lebendigkeit der Deutungspraxis zu geben, habe ich nun noch einige Beispiele zusammengestellt aus verschiedenen Seminaren und Vorträgen, welche ich 2016 und 2017 gehalten habe, unter anderem bei der Jubiläumsveranstaltung „30 Jahre ASTROLOGIE HEUTE" und an der SFER in Zürich, bei der Astrologischen Arbeitsgemeinschaft Stuttgart, den Astrologischen Gesellschaften in Frankfurt und Zürich, sowie am AstroMANAGEMENT Zentrum in Trossingen und in meinen Online-Seminaren. Diese Beispiele sollen zum mitdeuten inspirieren und vor allem auch dazu, die offenen Lücken in der Analyse durch eigenes Nachdenken zu schließen.

Zwei bekannte Rock-Bands

ChN: Okay, diese F&E Abteilung war nun für heute auch das einzige Beispiel aus dem Wirtschaftsbereich. Es war aber sehr wichtig, denn es zeigt, wie man oft allein schon mit der Deutung von Clustern und Lücken zum Ziel kommt. Nun wollen wir uns zwei sehr bekannte Rockbands anschauen. Das hier ist die erste davon. Was sehen wir denn hier wieder?

TN: Die erfinden auch keine wirklich neuen Songs oder?

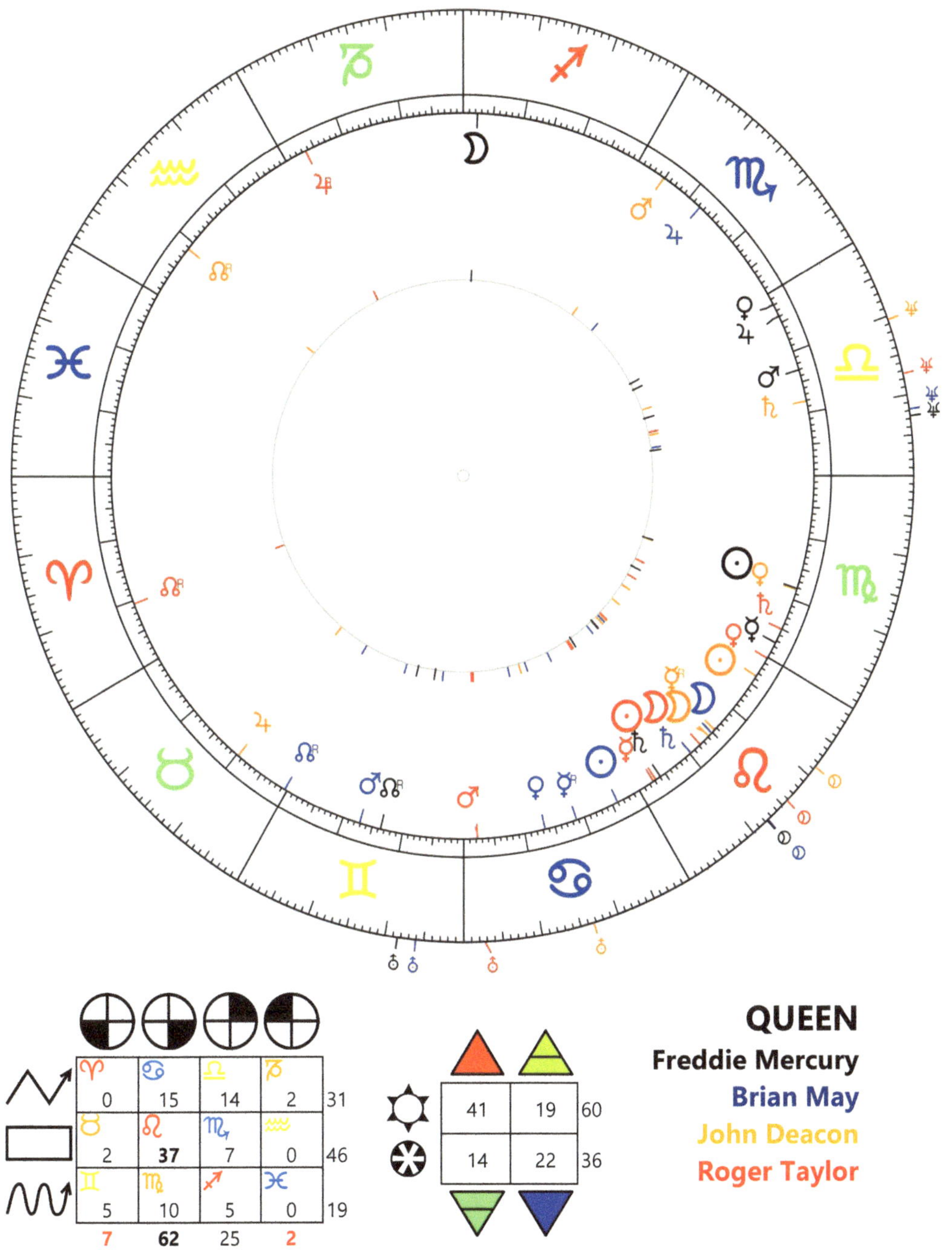

	♈ 0	♋ 15	♎ 14	♑ 2	31
	♉ 2	♌ **37**	♏ 7	♒ 0	46
	♊ 5	♍ 10	♐ 5	♓ 0	19
	7	**62**	25	2	

	41	19	60
	14	22	36

ChN: Ja, aber muss man ja auch nicht, um erfolgreich zu sein, außer man macht jetzt Avant-garde oder Experimentalmusik und möchte in Donaueschingen bei den Festspielen der Neuen Musik auftreten. Als erfolgreiche Rockband geht es ja eigentlich gar nicht, wirklich innovativ zu sein. Dann würde es ja niemand kaufen. In welche Richtung geht denn das Image der Gruppe?

TN: Sexy in der Präsentation?

TN: Viele Live-Konzerte.

ChN: Genau, die füllen ganze Arenen. Eine ausgeprägte Stadien-Rockband.

TN: Magische Ausstrahlung.

TN: Das sind ja im Grunde alte Esel.

ChN: Ja alle Rockbands, die man allgemein kennt, sind heute alte Esel. Da ist ja keiner mehr unter sechzig.

TN: Ist das eine Heavy Metal Band?

ChN: Für Heavy Metal sind die schon zu alt. Die richtigen Heavy, Thrash, Death Metal Bands sind losgegangen mit der Generation Pluto in der Jungfrau und Neptun im Skorpion. Metallica, Slayer und so weiter, die sind bereits ein paar Jährchen jünger als diese Band hier.

TN: Für Heavy Metal haben die zu wenig Pluto und zu wenig Mars.

ChN: Ja, wobei da kommt es auf die Spielvariante drauf an. Gerade Black Metal und die ganzen satanischen Spielarten, da ist immer sehr viel Jungfrau und Steinbock dabei bei den bekannten Bands. Ich hab aus der Szene ja sehr viele Horoskope gesammelt, weil ich da selbst lange als Musiker aktiv war. Würde man auf den ersten Blick gar nicht so vermuten. Da tippen

die meisten ja auf viel Feuer. Aber wenn es sehr düster wird, dann sind in der Regel Jungfrau und Steinbock aktiv. Jungfrau aus dem permanenten unterschwelligen Bedrohungsgefühl heraus, weil sie gerne den Teufel an die Wand malt und sich dann in Negativszenarien reinsteigert. Beim Steinbock ist ganz besonders der 19° aktiv. Da fand ja 1993 die Uranus-Neptun-Konjunktion statt und initiierte den Black Metal Boom. Damals waren das noch fahlgeschminkte Kiddies, die im Wald vor ihrem Kinderzimmer Fotos mit Fackeln und Patronengurten gemacht haben. Heute spielen die in Wacken vor zehntausenden Leuten.
Damals sind ja mehrere typische Musikarten entstanden. Das war einerseits Techno, dieses metallische, harsche, industrielle – typisch für den Steinbock. Und auf der anderen Seite diese ganzen satanischen Black Metal Bands. Die tragen ja auch den Steinbock als Wappentier in Form des Gehörnten. Auf den Albumcovers sind dann gerne diese Schädel drauf mit den Hörnern.

TN: Aber das Handzeichen mit den Hörnern selbst ist von Ozzy Osborne, oder?

ChN: Das kann sein. Genau weiß man es nicht, wer es als erstes verwendet hat. Da hat übrigens die Firma, bei der ich jahrelang Leiter der Markenentwicklung war, jetzt im Januar eine Signature Mundharmonika herausgebracht mit Ozzy Osborne. Sehr zu empfehlen, im Etui in Sargform.
Gut jetzt sind wir ein bisschen abgeschweift. Was haben wir denn hier im Horoskop für eine starke Dominanz?

TN: Mir fällt auf diese Ballung in Löwe und die vielen Neptuns in der Waage. Ich denke es geht um Liebe, Erotik und solche Geschichten.

ChN: Wir haben also einen randvollen Löwen. Und generell ist der II. Quadrant hier voll. Im AstroMANAGEMENT System sind immer die vier Quadranten der wichtigste Fundamentaltypus. Die sind noch viel prägender als die Elemente oder die Impulse. Für was steht denn der II. Quadrant?

TN: Für das Emotional-Seelische.

ChN: Richtig, das ist der Lebensquadrant. Im Krebs werden die sensorischen-nervlichen Eindrücke der Zwillinge zu seelischen Bildern, zu Empfindungen verarbeitet. Der Löwe brüllt es dann raus, baut und gestaltet daraus seine Erlebniswelten, seine Rummelplätze, wo er sich wohlfühlen und herrschen kann, wo er sein Revier ausdehnen kann. Und dann kommt die Jungfrau mit dem erhobenen Zeigefinger und sagt: „So Löwe, bis hier her und nicht weiter. Denn ab hier wird es langsam unsicher. Ich hab die Lage genau analysiert. Da gibt es so vieles, was schiefgehen kann. Jetzt halte Dich mal besser zurück!" Die Jungfrau ist der Stoßdämpfer des Löwen.
Und jetzt haben wir hier eine Band, die einen berstend vollen Lebensquadranten hat. Zwei Löwen, eine Jungfrau, ein Krebs, da sieht man so richtig die Lebensfreude auf der Bühne, auch so dieses königlich-majestätische in der Ausstrahlung. Löwe hat natürlich auch vom Sound her so helle, klare, lichte Höhen drin. Das strahlt wie eine Sonne aus dem Lautsprecher heraus. Auch diese klaren Harmonien, die wie ein Fächer aufgehen, sind typisch dafür. Ja, diese Band kennt Ihr alle, Eure Majestät Queen.

TN: Ah, die heißen ja auch schon so.

ChN: Genau, da steckt die Konstellation auch im Bandnamen drin. Queen ist eine ganz typische Löweanalogie. Auch dieser bombastische Stadienrock, welchen die in Reinkultur verkörpert haben, ist typisch. Und das sieht man hier bereits ganz einfach im Gruppenhoroskop, allein mit der Kollektivanalyse der Quadranten. Das ist hier in Schwarz Freddie Mercury, der Sänger. Der war als Jungfrau auch der Perfektionist und Tüftler in der Band. Brian May, der Krebs, der auf seiner Gitarre für das Fließende in der Musik zuständig ist, für das wellenhaft Musikantische. Und dann die beiden Löwen John Deacon am Bass und Roger Taylor am Schlagzeug. Typisch für den II. Quadranten ist auch, dass Queen eine der ganz wenigen Bands ist, wo alle Mitglieder zu gleichen Teilen am Songwriting-Prozess beteiligt waren. Jeder konnte sich mit seiner Individualität einbringen, ohne dass die sich ins Gehege gekommen wären. Da sieht man auch, wie respektvoll und liberal Löwen in der kultivierten Form miteinander umgehen.

Ja, und das geht nur mit dem Gruppenhoroskop. Ihr seht, wie plastisch und einfach das im Grunde ist, nur mit der Kollektivanalyse. Dabei sind wir hier immer noch erst im ersten Schritt des Deutungssystems, also da, wo wir die Gesamtgestalt deuten. Und das bekommt ihr natürlich auch mit den ganzen anderen Methoden wie Multi-Combin oder Multi-Composit nicht hin. Weil da tauscht ihr nur ein einziges Mitglied aus, einen einzigen von hundert, und dann habt ihr schon wieder ein ganz anderes Horoskop. Hier hingegen habt ihr immer ein fixes Gerüst und seht, wo die Pfeiler der Gruppe installiert sind. Und wenn ein Mitglied rausgeht und ein anderes kommt, dann ändert sich auch nur einer dieser Pfeiler.

Das hier ist übrigens das offizielle Logo von Queen. Und was sehen wir da?

TN: Zwei Löwen

TN: Ein Krebs

ChN: Genau, die zwei Löwen, einen Krebs und hier die beiden Elfen sind die Jungfrau. Das haben die natürlich bewusst an ihre Sternzeichen angelehnt. Das kommt relativ oft vor, auch bei Firmen. Sein Sonnenzeichen kennt ja jeder, auch wenn man sonst gar nicht an Astrologie glaubt. Ein typisches Beispiel ist Lamborghini. Da steht sogar auf der offiziellen Firmen-Website: Ferruccio Lamborghini wurde am Soundsovielten im Sternzeichen des Stiers geboren. Deshalb hat er auch den Stier als Wappenzeichen, als Logo von Lamborghini gewählt. Bei Red Bull ist es ähnlich. Auch die Sonne von Dieter Mateschitz, dem Erfinder und Gründer von Red Bull, steht im Stier. Und so hat er auch die Symbolik für Name und Logo darauf aufgebaut. Und bei Queen haben die das auch so gesagt. Zum Beispiel Freddie Mercury meinte, dass ja Merkur der Herrscher seines Sonnenzeichens, der Jungfrau ist, und er deshalb diesen Künstlernamen gewählt hat. Also nochmal ein spannendes Detail in diesem Puzzle.

Und nun schauen wir uns noch eine andere Band an. Die hier waren eine Spur früher dran. Queen hatten ja ihre Hochphase in den 1970ern und

1980ern. Die hier hatten ihre Hochphase in den 1960ern und frühen 70ern, also in der Kernphase der Hippiezeit. Sind denn hier einige Ex-Hippies oder Immer-noch-Hippies unter uns? Zeigt mal auf, wer war in der Hippiezeit aktiv?
Niemand, das glaube ich nicht! Ich bin echt schockiert, denn ich dachte, unter Astrologen wäre das etwas mehr verbreitet. Auch letzte Woche in Frankfurt hat bei der Frage niemand aufgezeigt, obwohl die vom Alter her alle aus dieser Generation kamen. Ubbo, Dieter, ihr auch nicht? Na gut, dann haben wir wenigstens einen neutralen Blick auf diese Band. Die sollte aber trotzdem jeder kennen. Was sehen wir denn hier jetzt als Unterschied in der Kollektivanalyse?

TN: Steinbock und Schütze sind sehr ausgeprägt.

ChN: Genau, Steinbock und Schütze. Das heißt es clustert sich hier alles um den 0° Steinbock.

TN: Gleich drei Merkure übereinander sind dort.

ChN: Richtig. Was ist denn 0° Steinbock für ein Grad? Der ist extrem wichtig.

TN: Ein Weltgrad. Da passieren viele Dinge, die globale Bedeutung haben.

ChN: Ja, Michael Roscher nennt ihn den Weltengrad. Vor allem ist das die Pforte in den IV. Quadranten hinein, die Schwelle vom Geistesquadranten in den transpersonalen, den überpersönlichen Quadranten, die Pforte zur höheren Wirklichkeit. Und um diesen Grad ist diese Band geclustert. Die einen sind hier im Schützen auf der Sinnsuche. Was mag wohl hinter dem Horizont sein? Diese große Sehnsucht, der Blick in die Ferne. Und dann aber mit dem Steinbock das Depressive dabei. Der zeigt ja in der Kunst gerne auch die nüchterne bis traurige Seite des Lebens.

TN: Spiegelpunkte. Die haben da ganz viele Spiegelpunkte.

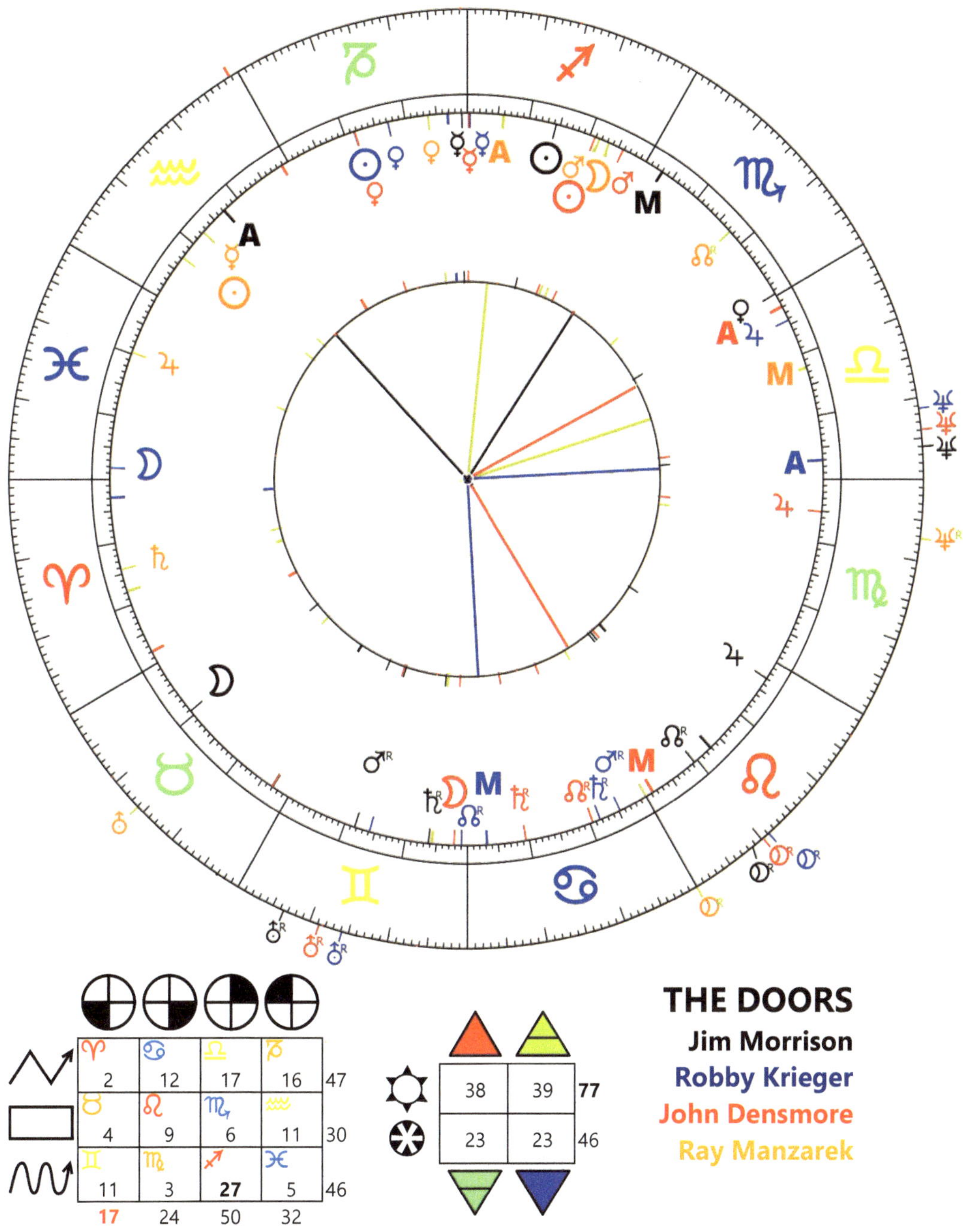

♈ 2	♋ 12	♎ 17	♑ 16	47
♉ 4	♌ 9	♏ 6	♒ 11	30
♊ 11	♍ 3	♐ **27**	♓ 5	46
17	24	50	32	

38	39	**77**
23	23	46

ChN: Natürlich, da gibt es lauter Spiegel zwischen Schütze und Steinbock. Die spiegeln sich an der Pforte.

TN: Sind das Deep Purple?

ChN: Deep Purple haben ein Schwergewicht in den unteren Quadranten I und II. Die machen ja auch vor allem erdigen Rock und haben weniger diese spirituelle Komponente, diesen philosophischen Anspruch, dieses permanente Fragen nach dem Lebenssinn in den Texten.

TN: Genesis?

ChN: Ja, das ist schon ganz nah dran. Es geht schon in die richtige Richtung. Das sind The Doors. Und wer weiß, wonach The Doors sich benannt haben? Die Türen, die Pforten, was hat sie zu diesem Namen inspiriert?

TN: Huxley.

ChN: Richtig, da gibt es von Aldous Huxley dieses Buch „Die Pforten der Wahrnehmung – The Doors of Perception". Das war eine Beschreibung seiner Selbstversuche mit Meskalin, also einer psychedelischen Droge. Darin schildert er, wie der Reizfilter plötzlich absackt und er dahinter die höhere Wirklichkeit erschauen kann, das was sich an Energieflüssen hinter der materiellen Welt verbirgt. Die Pforten. Und die haben hier alles um 0° Steinbock konzentriert, die Pforte zur höheren Wirklichkeit, die Pforte zum IV. Quadranten. Und sie beschäftigen sich natürlich auch in ihren Liedtexten immer mit diesen Sinnthemen: Was ist hinter dem Horizont? Was ist der höhere Sinn des Lebens?

Ihr seht hier eine vollkommen andere Ausstrahlung, einen vollkommen anderen künstlerischen Ausdruck als wir davor bei Queen hatten. Und das kann man hier allein schon durch die Kollektivanalyse der Gruppenhoroskope erkennen.

TN: Und die langsamlaufenden Planeten werden immer im Außenkreis eingetragen?

ChN: Genau. Die persönlichen Faktoren bis Saturn sind innen. Und alle Generationsfaktoren ab Uranus sind im Außenkreis. Das hat vor allem zwei Gründe. Es haben davor ja schon einige gesagt, da sind so viele Neptune in der Waage. Das war halt einfach in diesen fünfzehn Jahren so. Und gerade wenn man sich alle heute Berufstätigen anschaut, grob 1950 – 2000, da waren Uranus, Neptun und Pluto überwiegend auf der rechten Seite des Tierkreises. Wenn ihr das alles innen einzeichnet, dann schaut es schnell so aus als wären diese Zeichen stark übergewichtet, obwohl das ja „nur" die Generationenebene ist. Allein deshalb muss man diese Ebenen trennen. Die persönlichen Planeten bis Saturn können im Innenkreis bunt durchmischt sein. Da sehen wir, was jemand wirklich individuell in die Gruppe einbringt. Da fallen dann auch die Fundamentaltypen stärker ins Gewicht. Deshalb werden die auch im Auszählungsverfahren mit mehr Punkten gewertet.[44]
Im Außenkreis hingegen schiebt sich nur langsam die Generationenschicht voran, unsere Prägung durch Kultur, durch Moden, durch die Trends, in welche wir reingeboren sind. Dass wir heute hier sitzen in Jeans und Pullover, mit einer gewissen Art zu sprechen, uns zu artikulieren, dass wir hier auf eine Leinwand schauen, wo ein Beamer Bilder vom Computer hochprojiziert, das ist ausschließlich die Generationenprägung. Dass wir hier nicht mit hohen Perücken und Brokatgewand sitzen und Horoskope mit Feder auf Pergament zeichnen, das ist die Generationenprägung. Und die ist gerade in Gruppenprozessen irrsinnig wichtig.

Gerade in Firmen kommen viele Konflikte durch die Generationenprägung. So hatten wir die letzten Jahre einen massiven Machtwechsel von der Pluto in Löwe Generation, geboren bis zirka 1956, zur Pluto in Jungfrau Generation, die einen ganz anderen Arbeitsstil hat. Und viele Konflikte entstehen daraus. Wie ist denn die Pluto in Löwe Generation so?

TN: Machertypen.

ChN: Ja, die entscheiden auch mal was. Die sagen: „Ich hab zwar noch nicht alle Informationen, aber wir müssen ja vorankommen. Man kann nicht immer für alles Regeln machen und auf die Bürokratie warten. Jetzt nehmen wir uns die Freiheit und machen es einfach." Die übernehmen gerne Verantwortung und erwarten auch von ihren Leuten, dass diese eigenverantwortlich arbeiten. Und dann kommt die Pluto in Jungfrau Generation, die alles durchreglementiert, wo es für jede Aktivität einen eigenen Punkteplan gibt. Die Entscheidungsfreiheit der Vorgesetzten und der Mitarbeiter wird immer mehr beschnitten, denn es könnte ja was schiefgehen. Stattdessen sollen definierte Prozesse jede Entscheidung automatisch regeln. Für jede mögliche Situation soll es einen neutralen Entscheidungsalgorithmus geben. Statt Eigenverantwortung zu übernehmen, versteckt man sich hinter Regelwerken.

Diese Generation hat auch den Bereich Compliance erfunden. Für alle, die das Wort nicht kennen, das ist in Unternehmen die Abteilung, welche dafür zuständig ist, das wuchernde Dickicht von neuen Gesetzen und Regularien zu überblicken, an welche sich eine Firma heutzutage halten muss. Seit die Pluto in Jungfrau Generation an der Macht ist, sind das so viele geworden, dass man sogar als mittelständisches Unternehmen ein paar Leute nur dafür einstellen muss, von den teuren externen Experten ganz zu schweigen. Welches Produkt von uns könnte denn mit welchem neuen Gesetz irgendwo auf der Welt kollidieren? Sind wir auch überall auf der sicheren Seite? Kein Unternehmensführer möchte ein Risiko eingehen und hierfür haften müssen. Die wollen sich alle absichern und am besten gibt es dann eine Maschine, wo man vorne die Daten einfüllt und hinten kommt die Entscheidung raus. Selbst der Boss ist mittlerweile also nur noch eine Marionette der Vorschriften. Das hätte sich die Pluto in Löwe Generation niemals gefallen, geschweige denn einfallen lassen. Drum sind die wenigen aus dieser Generation, die noch im Berufsleben stehen, meist auch sehr ernüchtert und enttäuscht darüber, wie ihr Gestaltungsspielraum systematisch wegdezimiert worden ist. Das ist also ein riesiger Stilbruch, wie im Management gearbeitet wird.

TN: Und eigentlich kommen jetzt ja schon langsam die Pluto in Waage Menschen.

ChN: Ja die sind auch schon halb drin. Das sind die Oberflächengestalter. Da gibt es natürlich auch wieder Konflikte, wie ich bei Kunden in der IT-Branche immer wieder schmunzelnd feststelle. Da gibt es die Pluto in der Jungfrau. Die waren noch gewohnt in den 80er Jahren am schwarzen Bildschirm mit Cursor irgendwelche Codes zu programmieren. Die Pluto in der Waage hingegen sind schon mit grafischen Benutzeroberflächen wie Microsoft Windows aufgewachsen. Die sind gewohnt, dass sie nur irgendwelche Kästchen herumschieben müssen und im Hintergrund schreibt sich der Code automatisch, was ja viel komfortabler ist. Und die Pluto in Jungfrau beschweren sich dann immer, dass die Jungen gar keinen Code mehr schreiben können. Die haben ja gar keine Ahnung, was unter der Haube von einem Programm abläuft. Und die Pluto in Waage fragen sich natürlich, warum soll ich mich mit so einem altmodischen Zeug auseinandersetzen? Wichtig ist ja nur, dass am Ende das Ergebnis gut ausschaut.
Und da muss man eben wissen, dass dies in der Generation eingespeichert ist. Sonst bringt man solche Probleme auf eine persönliche Ebene, die eigentlich gar nicht aktiviert ist im Horoskop.

TN: Ich denke da auch so ein bisschen an diese Synthesizer-Musik. Da dachte man manchmal, der Trend hört gar nicht mehr auf. So gut wie diese Bands auch waren, aber das war oft ein endloses Gedudel.

ChN: Das Thema hängt natürlich auch in der Pluto in Jungfrau Generation drin, und da besonders in der Uranus-Pluto-Konjunktion 1966 auf 16° Jungfrau. Das war ja die Geburt des aktuellen Technologiezyklus, des Informationstechnologie-Zyklus auf der Basisinnovation des Mikroprozessors.[45] Und der Begleit-Soundtrack dieses Zyklus sind eben Pop, Rock und diese ganzen Spielarten der modernen Musik, Metal, Elektronik, Funk, Soul und so weiter. All diese neuen Musikstile sind damals in den wenigen Jahren der 1960er entstanden. Damals wurden die ersten Moog-Synthesizer gebaut, die ersten Arp-Synthesizer, die ersten Mehrspur-Aufnahmegeräte. Davor musste man

als Band ja immer live zusammenspielen. Das wurde auf ein oder zwei Spuren aufgezeichnet. Und plötzlich gingen 4, 8 und dann 16 Spuren nacheinander. Die Musiker konnten verschiedene Instrumente nacheinander einspielen. Das war eine riesige Spielwiese für Experimente. Die ersten großen Gitarrenverstärker kamen, mit denen man auch große Hallen bespielen konnte, Marshall, Laney und so weiter.
Das wird häufig unterschätzt. Oft denkt man, dass neue Musikstile von jungen Kreativen erfunden werden. Aber das ist immer technologisch induziert. Plötzlich gibt es diese neuen technischen Möglichkeiten, diese neuen Instrumente. Und die ersten, die das ausprobieren und herumexperimentieren sind eben meistens die Jungen. Die nehmen dann einen Synthesizer und probieren alle abartigen möglichen Einstellungen aus, um so ganz neue Klangwelten zu basteln und damit ihre Songs auf ein neues Level zu heben. Das waren noch die Pluto in Löwe in den 1960ern, Progressive und Psychedelic Rock, Van der Graaf Generator, King Crimson, Pink Floyd und so weiter.

Und als die damals Geborenen dann ins Alter kamen, dass sie die Jugendtrends prägen konnten, in den späten 1970ern, da war plötzlich die Synthie-Pop-Welle da, brav, angepasst, mit Schminke und Haarspray, wie es sich für Pluto in der Jungfrau gehört. Oder eben die Schattenseite: Punk und Gothic. Da kommt dann mehr die düstere Angstseite der Jungfrau raus und die Verkehrung ins Unangepasste.
Ja, all das zeigt die Generationenprägung. Und darum ist die im Außenkreis. Das ist nochmals eine ganz andere Schale, die uns überzieht.

TN: Wie lange die jetzt zusammenspielen und wann sie sich auflösen, das würde man dann aber aus einem anderen Horoskop sehen, oder?

ChN: Das ist dann die fünfte Stufe im Deutungssystem, wo man verschiedene prognostische Methoden über das Gruppenhoroskop laufen lassen kann. Allein schon die Transite zum Gruppenhoroskop sagen dabei sehr viel aus zu wichtigen Ereignissen wie Gründung, Auflösung oder Wechsel eines Bandmitglieds. Das ist ja auch eine der großen Stärken des Gruppenhoroskops, dass man hier auch über verschiedene Konstellationen und Auslösungen einen systematischen Überblick gewinnen kann. Und natürlich noch vieles mehr...

Die mächtigen Weltpolitiker 2016

ChN: Hier sehen wir die wichtigsten Weltpolitiker aus dem Jahr 2016. Ich habe bewusst die genommen, weil da wissen wir ja schon, was sich bei denen so zugetragen hat. Wir sehen hier in Schwarz Obama, in Hellblau Putin, Merkel in Dunkelblau, Erdogan in Grau, Cameron Orange und Hollande in Rot. Wenn wir hier wieder mit der Kollektivanalyse anfangen, was ist da auffällig?

TN: Keine Pioniere!

ChN: Richtig, die Innovationszone und auch der erste Quadrant sind hier weitgehend leer. Wassermann ein bisschen, aber nur was das Image, das Auftreten nach außen betrifft. Dort steht der Aszendent von Obama, in dessen Erscheinung ja viel Hoffnung als Reformer gesetzt wurde. Aber es war eben nur der Aszendent, das Image nach außen. Ansonsten ist die Innovationszone sehr leer, ähnlich wie bei der F&E Abteilung vom vorigen Beispiel.

TN: Und Erdogan ist der Erneuerer? Na super!

ChN: Ja, das sehen wir hier ganz deutlich. Er ist Einzige, der wirklich neue Visionen für die Zukunft hat.

TN: Mit den Planeten in den Fischen, jawohl, religiös motiviert.

ChN: Genau, und er hat ja sogar beide Pfaffenzeichen stark besetzt, die Fische und den Schützen.

TN: Der hat ja auch die Vision, die Vision vom muslimischen Großreich, wenn die Christen nicht allmählich aufwachen!

ChN: Es geht hier ja nicht darum zu werten, die eigene politische Ideologie in das Horoskop hineinzulegen. Sondern das Horoskop gibt uns die Möglichkeit, die Situation ohne solche Wertungen zu betrachten. Und da sehen wir, dass Erdogan der einzige der mächtigen Weltpolitiker ist, der eine Vision hat für eine andere Zukunft. Ob uns diese nun ideologisch passt oder nicht, ist die andere Frage.
Dann, wie richtig festgestellt wurde, keine Pioniere. Der Widder ist leer. In dieser Gruppe geht es in erster Linie ums Herrschen und Regieren durch die Löweballung, und um Taktiererei und Show nach Außen durch die Waageballung.

TN: Putin, der Taktierer!

ChN: Das sehen wir sehr schön, wer sind denn die beiden Taktierer hier?

TN: Cameron und Putin!

ChN: Cameron und Putin, genau! Und wenn wir uns ansehen, was die letzten Jahre so passiert ist: Putin Einmarsch Ukraine, der hat da enorm taktiert und ist damit durchgekommen, sehr gut sogar. Und Cameron mit seinem Brexit hat sich eben vertaktiert. Da hat es nicht geklappt. Aber eine taktische Show haben beide abgezogen.
Und was sehen wir hier auf 27° Schütze? Was ist denn das für ein Grad?

TN: Das Galaktische Zentrum.

ChN: Richtig, das Galaktische Zentrum. Also wenn ihr in der Nacht in den Himmel hochschaut, irgendwo am Land draußen, dann seht ihr die Milchstraße, die sich wie ein Band über den Himmel zieht. Das ist der 27° Schütze, das Zentrum unserer Milchstraße, unserer Galaxie. Und wer im Horoskop wichtige Faktoren dort stehen hat, das sind immer Leute, die Visionen ha-

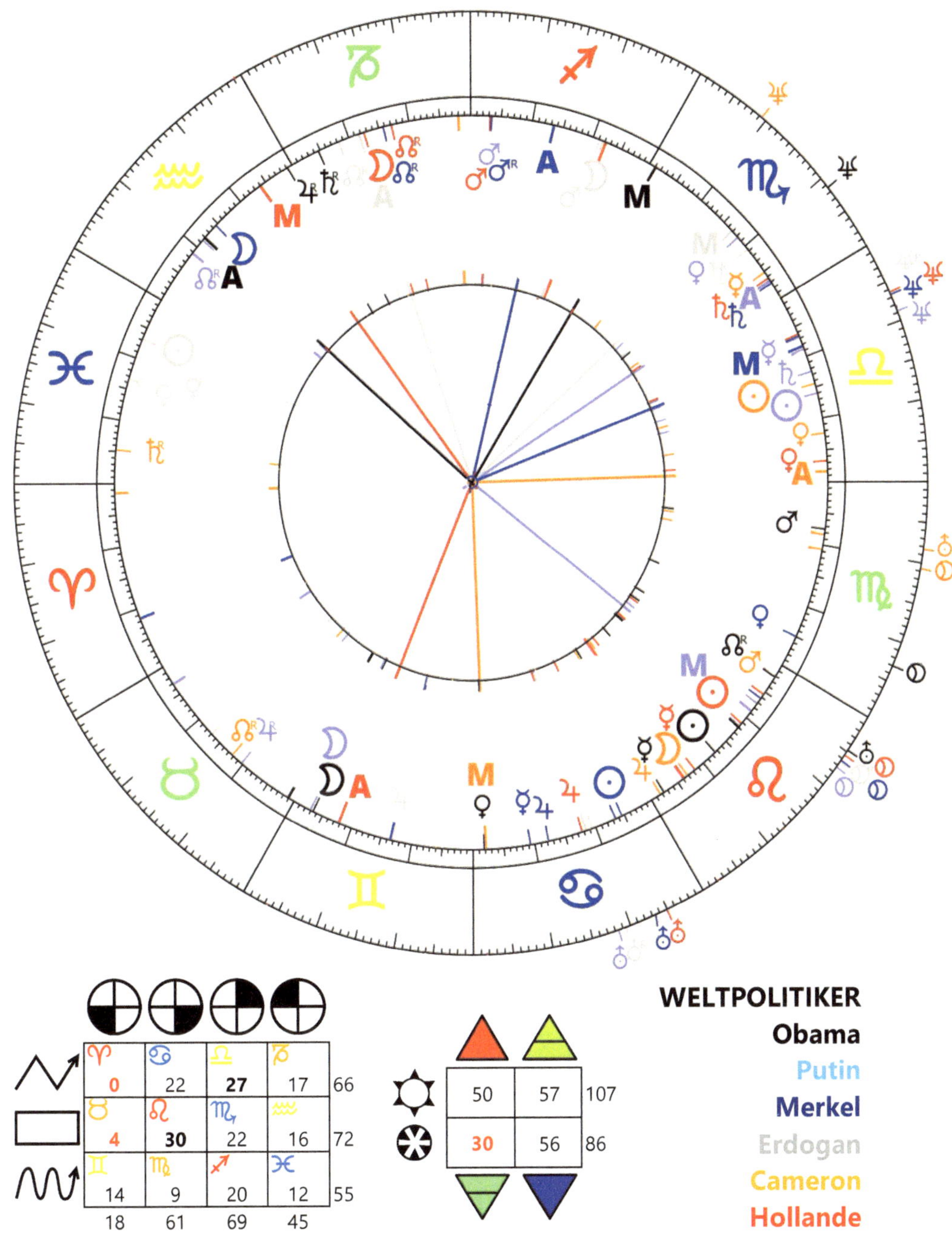

	♈ **0**	♋ 22	♎ **27**	♑ 17	66
	♉ **4**	♌ **30**	♏ 22	♒ 16	72
	♊ 14	♍ 9	♐ 20	♓ 12	55
	18	61	69	45	

	50	57	107
	30	56	86

ben für eine neue Zukunft, aber damit nicht wirklich bis zum Ende durchkommen. Sie sind ja noch mit dem Empfangen dieser Visionen beschäftigt, ein bisschen wie Engel, die dann doch zu schwach sind für die Durchsetzung in dieser Welt. Paradebeispiel ist Willy Brandt mit seiner Sonne genau dort. Die werden gerne von der Allgemeinheit überhöht und verklärt, haben dann aber doch nicht die Kraft, dem Erwartungsdruck standzuhalten. Müssen sie ja auch nicht. Das ist gar nicht ihre Aufgabe.

TN: Und die Venus, ist das die Venus von Merkel, die da an seinem MC steht?

ChN: Das ist die Venus vom Putin.

TN: Ja das stimmt auch. Trotz Flugzeugabschuss, trotz umgekommener russischer Diplomaten, die zwei halten zusammen. Weil der Putin sieht im Erdogan natürlich auch einen, den er gebrauchen kann für seine Tendenzen sich auszubreiten.

TN: Und auch um die NATO zu spalten, klar.

ChN: Ja, ihr seht schon, wie schnell man hier in einem der Gruppenmitglieder drin ist.

TN: Und sein Mars-Mond im Schützen, seine ganzen Reden sind ja ein aufgebauschter Moralkäse.

ChN: Moral des beleidigten Kindes.

TN: Keine Fakten, sondern emotional, ala Schütze „Ich weiß das schon alles!"

ChN: Ja klar, einem echten Schützen darf man natürlich nix erklären. Der weiß das schon alles...

TN: Und dort stehen exakt drei Marse im Gruppenhoroskop, von Merkel, Putin und Hollande.

ChN: Genau, und aktuell steht da auch noch der Saturn stationär drauf. Da sollte sich eine gewisse Mäßigung und Beruhigung ergeben im Bereich der Angriffslust, damit die drei an ihren politischen Visionen feilen können. Wenn sie das nicht machen, dann kommt der strafende Finger von außen.

TN: Der Stier ist auch fast leer.

ChN: Ja, der realistische Bezug zu materiellen Werten ist auch kaum ausgeprägt, ebenso wenig der vernünftige, sparsame Umgang mit den Ressourcen, was man an der unterbesetzten Jungfrau erkennt. Was wir seit einigen Jahren im Finanzsystem erleben, die massive Geldschwemme durch die Zentralbanken, Nullzinsen auf Spareinlagen bis hin zur Diskussion über Negativzinsen, dazu ist nur eine Führungsriege mit vernachlässigtem Stier fähig. Das Geld wird immer weniger wert, wodurch sich unsere Vermögen massiv auflösen. Da können sie die Warenkörbe für die Inflation noch so schönrechnen. Wenn sich in vielen Städten nicht mal mehr die Mittelschicht bezahlbaren Wohnraum leisten kann, dann nützen Ihnen die Nominalwerte auf Ihrem Konto auch nichts mehr. Der ausgedünnte Stier in diesem Gruppenhoroskop zeigt diese Abgehobenheit. Geld ist nur noch ein virtueller Wert in den Großrechnern der Banken, den man in absurden Billionenhöhen herumschieben kann, um Politik zu betreiben.

Wir sehen hier also wieder, welche Informationsfülle man aus dem Gruppenhoroskop herausholen kann allein durch die Deutung von Clustern und Lücken. Und nun wäre es natürlich spannend, in einen von denen hineinzuschlüpfen, um zu schauen, wie sieht der denn den Rest der Truppe, mit welcher subjektiven Wahrnehmungsbrille? Und dafür gibt es eine Spezialvariante, nämlich das Fokus-Gruppenhoroskop.
Bei der Fokusvariante liegt im Innenkreis die Person, in welche wir reinschlüpfen. Und im Außenkreis wird der Rest der Gruppe drumrumgebaut. Und weil es recht langweilig wäre, in Obama oder in Merkel hineinzuschlüp-

fen, schlüpfen wir jetzt hinein in den Erdogan. Und was sehen wir da ganz massiv?

TN: Lauter Gegner!

ChN: Lauter Gegner, genau! Vielleicht zur Erläuterung für die anderen: weil?

TN: Alles im III. Quadranten.

ChN: Richtig, die anderen Politiker haben Erdogans III. Häuserquadranten komplett vollgeballert. Das ist ja nicht nur das Ausland, neuntes Haus, oder die Begegnungen, das Du, die Partnerschaften im siebten Haus. Sondern das siebte Haus sind ja auch die offenen Feinde in der Mundanastrologie.
Das heißt, mit seinem Steinbock-Aszendenten ist er hier der einzige Ordentliche, der einzige der Moral und Anstand hochhält. Mit dem Fischepulk in 2 auch der einzige, der spirituelle Gruppen vernünftig anführen kann. Und da draußen sind nur lauter vergnügungssüchtige Pseudokönige, die dekadent in Spiel und Spaß leben mit dem vollen Löwen.

TN: Und die noch dazu sein zwölftes Haus angreifen.

ChN: Stimmt, die Spitze seines zwölften Hauses liegt ja auch noch am Galaktischen Zentrum bei den drei Marsen.

TN: Die treiben ihm seine Visionen aus.

ChN: Und wie nimmt er nun andere Menschen wahr? Welche Sensoren hat er denn in seinem siebten Haus installiert?

TN: Pluto, die anderen sind lauter Faschisten.

ChN: Und Uranus am absteigenden Mondknoten. Das heißt sein siebtes Haus ist schon eher problemorientiert.

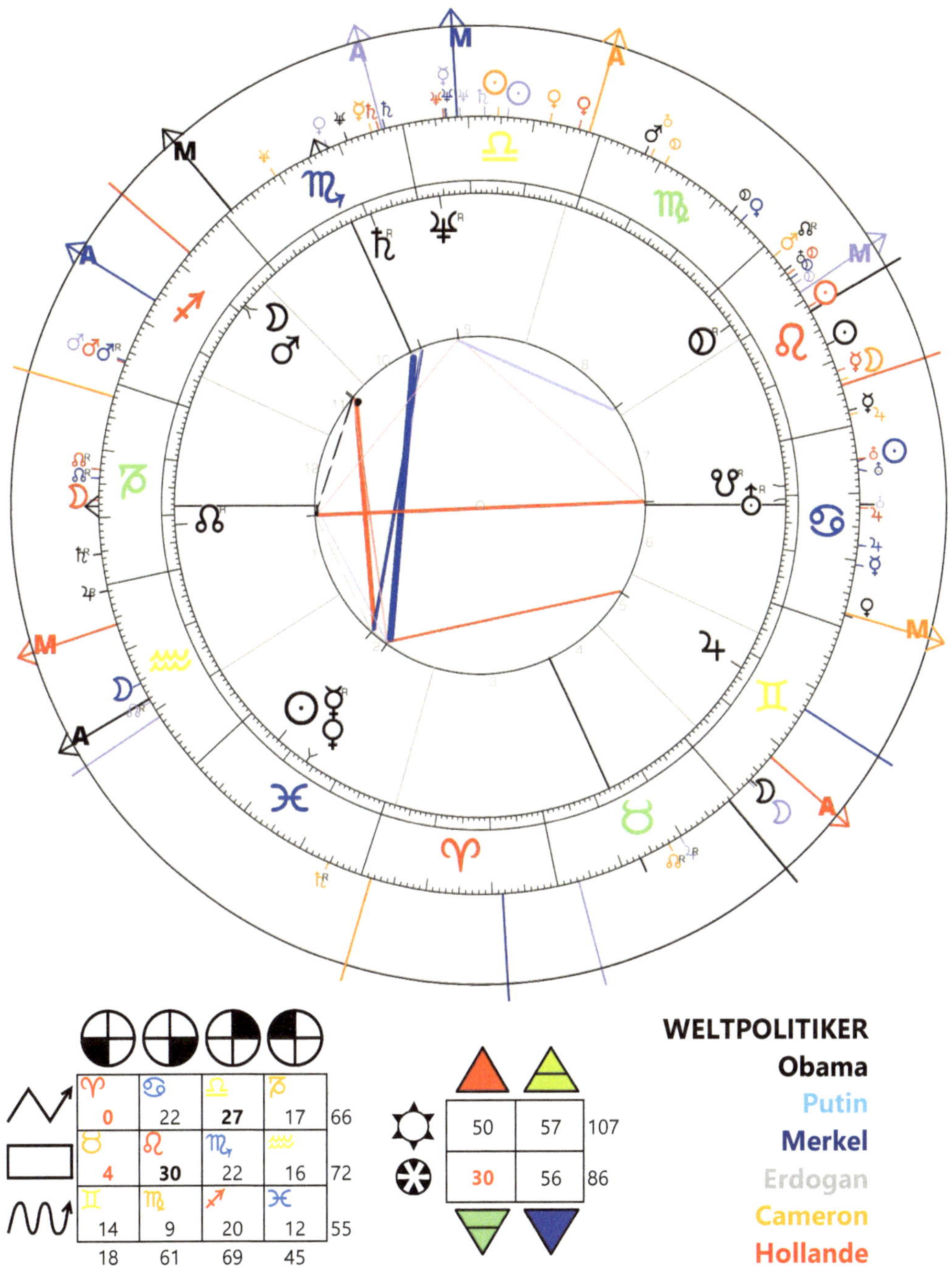

	♈ 0	♋ 22	♎ 27	♑ 17	66
	♉ 4	♌ 30	♏ 22	♒ 16	72
	♊ 14	♍ 9	♐ 20	♓ 12	55
	18	61	69	45	

	50	57	107
	30	56	86

TN: Und Saturn am MC im Skorpion, da steigt man hoch, kann dann aber auch tief fallen.

ChN: An dem ganzen Bild ändert sich erstaunlich wenig, wenn man jetzt die Köpfe aktualisiert: Teresa May statt Cameron und Trump statt Obama. Man sieht: May hat die Sonne fast identisch wie Cameron stehen. Die Taktiererei geht also unvermindert weiter, nun eben mit Brexit. Und auch Trump, der hat ein bisschen andere Besetzungen, aber weitgehend dieselben Tierkreisareale wie sein Vorgänger. Nur die Zwillinge hat er etwas stärker besetzt. Er twittert ja auch unentwegt. Und mit seiner Mondfinsternis auf dem Uranus geht es bei ihm darum, die konventionellen Kommunikationsmuster aufzusprengen, sprunghaft und unberechenbar zu sein. Da werden in einem Überraschungsmoment Alternative Facts in den Raum geschmissen. Und während sich noch alle damit beschäftigen und sich davon ablenken lassen, ist er schon wieder ganz woanders und setzt ungestört seine tatsächlichen Pläne um. So treibt er unentwegt die Herden vor sich her. Und irgendwas von den falschen Behauptungen bleibt immer hängen. Der weiß schon was er tut.

TN: Und der Hollande kommt ja auch noch weg.

ChN: Der kommt auch noch weg, aber da wissen wir aktuell halt noch nicht, wer ihm nachfolgen wird. Deshalb darf er noch hier stehenbleiben.

Die Moderatoren von „Wetten, dass..?"

ChN: Die Fokusvariante kann man jetzt nicht nur mit einer Person aus der Gruppe machen. Man kann auch ein Leitsystem in den Fokus rücken. Ich habe vor ein paar Monaten im MERIDIAN einen Artikel geschrieben über „Die Höhle der Löwen im Gruppenhoroskop". Die Sendung war letzten Herbst sehr populär. Aber da sie aktuell gerade nicht läuft, werden die wenigsten sie auf dem Schirm haben. Und da war die Erstausstrahlung der Sendung im Zentrum und außenherum die Jurymitglieder.[46]

Eine Sendung, die sich wahrscheinlich intensiver bei Euch eingeprägt hat, ist diese hier: In der Mitte haben wir wieder die Erstausstrahlung, also das Geburtshoroskop der Sendung. Da sehen wir einen Jungfrau-Aszendenten. Das heißt es geht um Anpassung, Analyse, um die optimale Nutzung von Lebensbedingungen, von Fertigkeiten. Was viele gar nicht so auf dem Schirm haben, Jungfrau ist ja auch das Prinzip des Schneller - Höher – Weiter. Reinhold Messner ohne Sauerstoffgerät am Mount Everest – volle Jungfrau in vier. David Copperfield geht durch die Chinesische Mauer hindurch und verblüfft uns mit Tricks, die bis zum Exzess die menschliche Wahrnehmung überlisten – doppelte Jungfrau mit Sonne im 12. Haus. Jungfrau ist also gar nicht dieses, verklemmte, langweilige Zeichen, wie viele das glauben. Wenn es irgendwo einen Spezialisten gibt, der Unmögliches wahr macht durch einen enormen Spezialisierungsprozess, dann ist da meistens die Jungfrau-Fische-Achse beteiligt.
Und der Merkur als Herrscher des Jungfrau-Aszendenten steht Anfang Fische. Es geht also um Anpassungsprozesse, die sehr neuartig sind, wo man sich ganz was Neues einfallen lässt. Dann noch dazu im fünften Haus. Das heißt, Entertainment ist auch dabei, aber auf recht ungewöhnliche Art und Weise. Das ist das Horoskop von „Wetten, dass..?"

Und außen herum haben wir nun die Moderatoren: In Schwarz Frank Elstner, den Erfinder und ersten Moderator, in Rot Thomas Gottschalk und dann der Sargnagel der Sendung, Markus Lanz, in Blau. Und so eine Sendung kann natürlich keiner repräsentieren, wenn sein Horoskop nicht an neuralgischen Positionen der Sendung angedockt ist. Wir sehen hier am Aszendenten der Sendung den Mars von Gottschalk. Er hat da seine ganze Aktivität reingesteckt und wurde mit seinem anpackenden Auftreten fast schon zum Sinnbild der Sendung. Auch der Pluto von Lanz steht dort. Er wurde am Ende ja dann zum Verhängnis der Sendung. Und noch mehr wurde die Sendung für ihn zum Verhängnis. Mit dem Pluto musste er das Verdrängte von „Wetten, dass..?" ausbaden. Und sein Pluto ist ja noch dazu ein Sonne-Pluto. Seine Sonne steht am Deszendenten der Sendung.
Der Neptun und der Aszendent von Frank Elstner stehen ebenfalls dort. Die Sendung entsprang seiner Inspiration, war sein visionäres Kind. Bis heute ist

er vor allem bekannt als Erfinder der Sendung, egal was er in den 35 Jahren seither alles sonst noch gemacht hat. Wir haben hier um die 25° der beweglichen Zeichen herum also ein ganz starkes Ankerkreuz dieses Gruppengeflechts.

Spannend ist auch der Pluto der Sendung. In der Wirtschaftsastrologie ist Pluto laut AstroMANAGEMENT System ja immer das Programm, das Geschäftsmodell. Und in einer Sendung ist er auch das Programm, die Masche, nach der die Sendung gestrickt ist. Und derjenige, der diese Masche am meisten repräsentiert und kultiviert und breitgetreten hat, war Thomas Gottschalk mit seinem Aszendenten direkt drauf. Er war als Person am meisten das Gesicht dieses Programms. Und auf dieser wichtigen Ankerachse genau gegenüber steht nicht nur Sonne-Merkur von Frank Elstner. Da liegt auch der Aszendent von Markus Lanz mit seinem Venus-Saturn drauf. Mit Venus-Saturn eine recht undankbare Aufgabe, wo er auf ultraharmonisch machen musste mit der Venus und brav und ordentlich sein mit dem Saturn. Und beide fühlen sich im Widder ja nicht so wohl. Die sind dort im Fall und Exil, immer getrieben und unter Druck.

TN: Da wird man schnell zum Sündenbock wenn man nicht aufpasst.

ChN: Genau, zum Aschenputtel wird man da schnell, Zähne zusammenbeißen und schön lächeln. Und das auch noch gegenüber vom Pluto der Sendung. Und da gibt es noch eine ganze Reihe weiterer wichtiger Koppelungen.
Aber jetzt zu der Frage, die Sie davor hatten: Kann man das Gruppenhoroskop auch prognostisch nutzen? Da gibt es verschiedene Techniken mit dem Gruppenhoroskop. Die einfachste ist zu schauen, wo bei einem wichtigen Ereignis die Langsamläufer stehen. Das sind hier die Positionen von Saturn, Uranus, Neptun und Pluto, als die Sendung durch diesen schweren Unfall torpediert worden ist. Der Anfang vom Ende. Wir sehen hier erstmal mundan das Uranus-Pluto-Quadrat. Was heißt das inhaltlich? Im AstroMANAGEMENT System deutet man zuerst immer vom Zeitgeist her. Uranus im Widder und Pluto im Steinbock, was ist das für ein Thema?

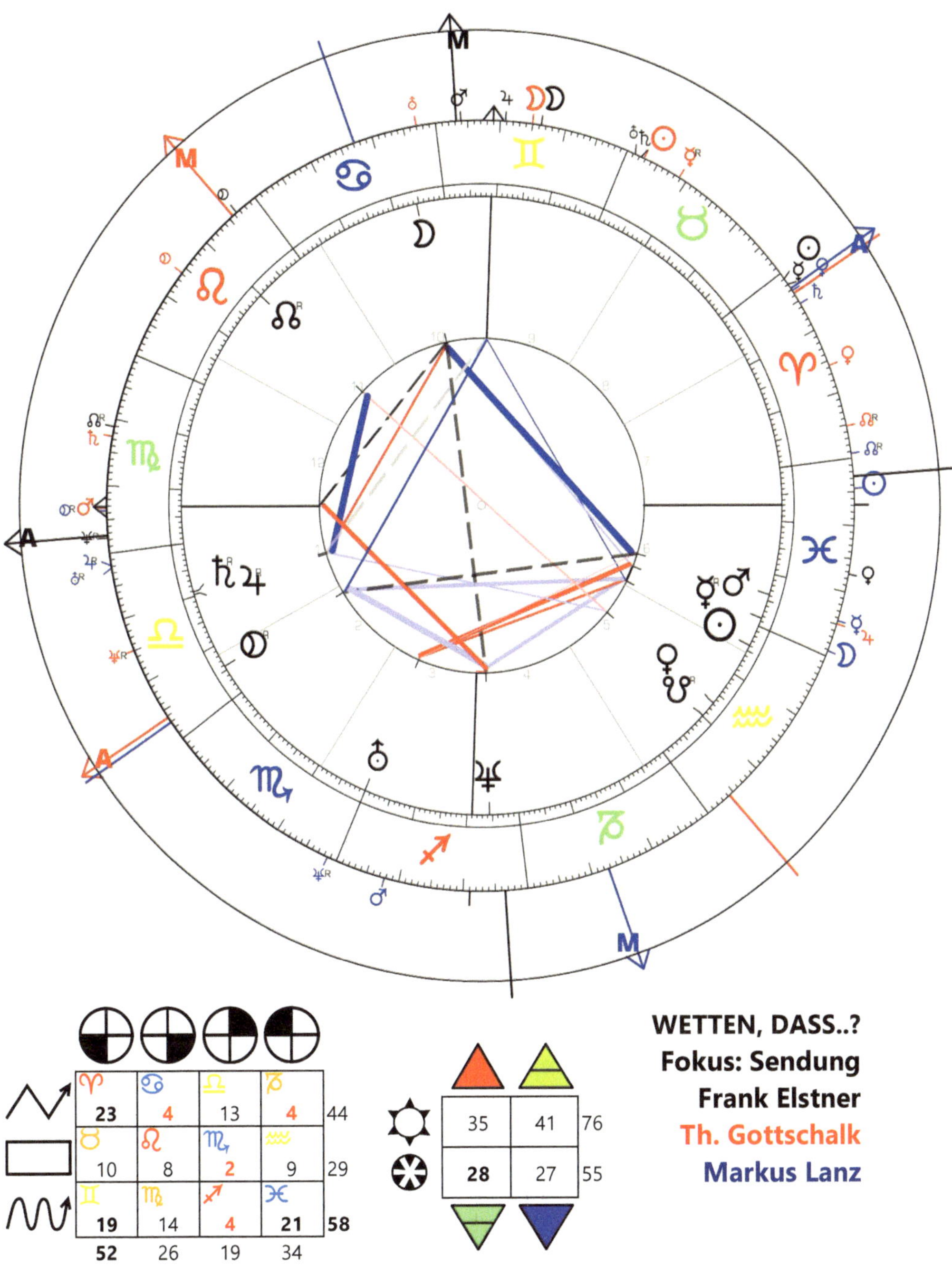

	♈ 23	♋ 4	♎ 13	♑ 4	44
	♉ 10	♌ 8	♏ 2	♒ 9	29
	♊ 19	♍ 14	♐ 4	♓ 21	58
	52	26	19	34	

	35	41	76
	28	27	55

TN: Plötzliche Wandlung.

TN: Ja, Umsturz, Revolutionen...

TN: Das Programm wird aufgehoben.

ChN: Bisherige Programme funktionieren nicht mehr und werden deshalb zum Einsturz gebracht, werden umgestürzt, um 180 Grad gedreht. Diese Konstellation ist ja immer noch aktiv bis 2018 rein. Losgegangen ist es mit dem Arabischen Frühling Ende 2010 und den ganzen Massendemonstrationen rund um den Globus. Das zieht sich aber auch durch sämtliche Lebensbereiche. Das ist auch das Ende der Medienlandschaft wie wir sie gekannt haben über viele Jahrzehnte. So wie wir aufgewachsen sind, die ganze Familie versammelt sich am Samstagabend vor dem Fernseher, vom Baby bis zum Opa gucken alle „Wetten, dass..?" und das in Millionen von Haushalten im deutschen Sprachraum gleichzeitig. Dieses Freizeitverhalten ist nun endgültig umgestürzt worden, dieses Medienkonsumverhalten. Weil wie schaut es heute aus in den Wohnzimmern am Samstagabend?

TN: Da hockt jeder mit dem Tablet.

ChN: Genau. Es läuft vielleicht schon noch der Fernseher. Aber der eine spielt am Handy, der zweite am Tablet, der dritte hat den Laptop am Schoss. Und jeder macht sein eigenes Programm. Man muss nicht mehr auf 20 Uhr 15 warten, um die Sendung zu gucken. Video On Demand, Youtube, man hat jederzeit alles zur Verfügung und kann das gucken wann man Lust hat, nicht wann das Fernseherprogramm es vorgibt. Das ist die wahre Revolution. Und dass hier nun dieser Unfall passiert ist, das war im Grunde nur das äußerste Symptom von diesem Zeitgeistwandel.

TN: Aber das Thema war doch auch abgegrast. Über Jahrzehnte immer was Neues, Tolles, Spektakuläres zu bringen ist halt irgendwann nicht mehr möglich.

ChN: Genau um das geht es. Das Thema war abgegrast. Der Zeitgeist war vorbei von solchen Sendungen. Und dass dann dieser Unfall passiert ist, war nur die äußere, nicht aber die inhaltliche Ursache für das Ende der Show.

TN: Man hat nicht vorher gestoppt. Man hat so lange gewartet bis was passiert, um dann einen Grund zu haben, es abbrechen zu können. Das ist ja im menschlichen Leben nichts anderes. Man erkennt es eigentlich, stoppt nicht und wenn man es nicht stoppt, kommt ein Unfall und dann muss man.

ChN: Und das ist hier auch passiert. Denn wenn man Uranus-Pluto auf das persönliche Horoskop herunterbricht, dann kommt man immer zum Leitsatz: Umstürzen oder umgestürzt werden. Entweder selbst innovativ sein, alte Muster brechen und komplett über Bord schmeißen, ganz neue Wege gehen oder es kommt halt von draußen auf einen zu.
Bei meinem letzten Vortrag hatte ich ja ein Dutzend Beispiele dabei von Prominenten, die unter dieser Konstellation umgestürzt wurden, von Uli Hoeneß über den Freiherrn von und zu Guttenberg bis hin zu Anton Schlecker. Und dann gab es andere Menschen mit genau denselben schwierigen Konstellationen, die aber gesagt haben: Nein, jetzt stürze ICH um. Ich ändere die Spielregeln und mach mein ganz eigenes Ding. Da hatten wir als Beispiel die Songcontest-Gewinnerin Conchita Wurst. Die hatte massive Auslösungen durch das Uranus-Pluto-Quadrat und hatte darunter die große Zeit ihres Lebens. Oder Julian Assange von Wikileaks, der hat sich gerade unter dieser schwierigen Konstellation im Zeitgeist als der Paraderevoluzzer etabliert. Oder Alexis Tsipras selbiges Spiel: Umstürzen oder umgestürzt werden.

Und hier sehen wir eben auch diese Koppelung. Im Horoskop der Sendung haben wir hier die Jupiter-Saturn-Konjunktion, diese große Flaggschiff-Konstellation in der Waage. Und wir sehen den Mond, das Volksnahe, Unterhaltsame im Krebs. Beide wurden exakt vom Uranus-Pluto angetriggert. Und die Trägersubjekte dieser Koppelung waren eben jene Moderatoren, die hier im Ankerkreuz mit drinnenhängen. Gottschalk mit seiner Venus-Neptun-Opposition genau auf dieser Ankerachse drauf und Lanz mit seinem MC.

Und das sind so Zusammenhänge, da könnt Ihr noch so sehr Horoskope hin und her wälzen und Eure Mappen durchwühlen, das werdet Ihr nie so deutlich sehen wie hier im Gruppenhoroskop. Hier seht Ihr so schön und anschaulich und elegant die übergeordneten Zusammenhänge, wie sich Horoskope ineinander schachteln und aufbauen und warum Ereignisse wann passieren und wen sie wie betreffen. Das könnt Ihr nur mit dem Gruppenhoroskop machen.

Ja, und der zweite Zyklus, der hier an dem Pulk in den Fischen angedockt hat, das war das Saturn-Neptun-Quadrat, die Strukturauflösung. Und das war dann auch die Beerdigung und das Ende von dieser Sendung.

Drei Fernsehsender

ChN: Was ist denn das Erste was man macht, noch bevor man sich das Gruppenhoroskop anschaut?

TN: Man schaut sich zuerst einmal die einzelnen Horoskope an und lässt die auf sich wirken.

ChN: Genau, das ist ganz wichtig. Bevor ihr Euch in das Gruppenhoroskop hineinstürzt, solltet ihr jedes Horoskop zuerst einzeln betrachten, um die einzelnen Gruppenmitglieder in ihrem Wesen zu erfassen. Dabei kann es hilfreich sein, bereits für die Einzelbetrachtungen den 0° Widder als Fixpunkt links zu setzen, einfach damit ihr bereits in diesem Schritt im übergeordneten Koordinatensystem lokalisiert seid. Was fällt denn hier auf, wenn man nur die drei Einzelhoroskope betrachtet?

TN: Eine ganz starke Feuerbetonung. Alle Horoskope haben die Sonne in einem Feuerzeichen.

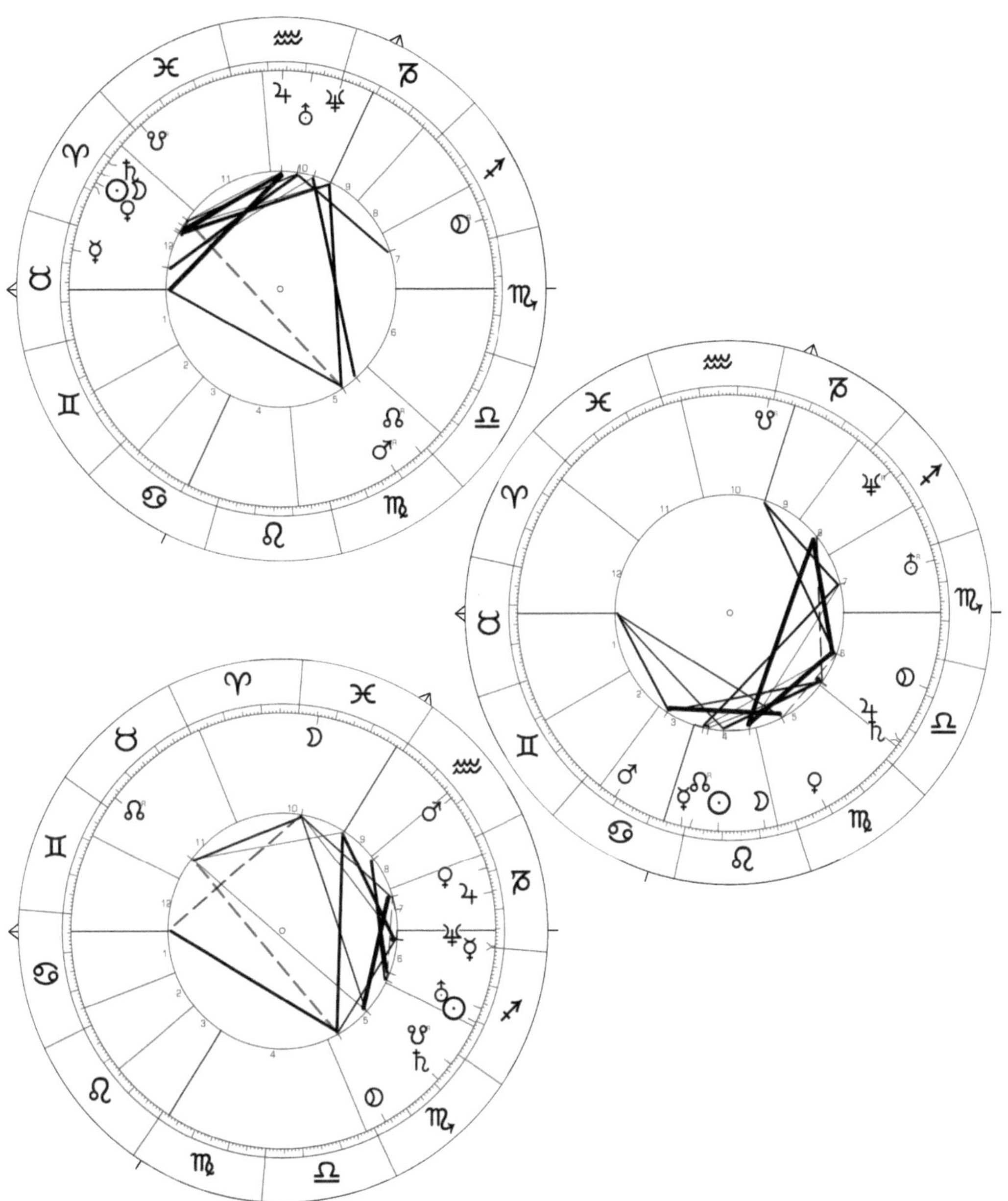

Drei TV-Sender im Einzelhoroskop

ChN: Ja, die haben alle eine gewisse Feuerprägung. Und wenn wir uns die Fundamentaltypen anschauen, wo unterscheiden sich die drei Horoskope denn?

TN: In der Quadrantenbesetzung? Da sind sie unterschiedlich.

ChN: Richtig, das ist der große Unterschied zwischen den drei Horoskopen. Im ersten Horoskop, was haben wir da für eine Betonung?

TN: Der I. Quadrant.

ChN: Da ist der I. Quadrant stark betont, vor allem durch die enorme Widderbesetzung, aber auch durch den starken Stier mit Aszendent und Merkur. Im Gegensatz dazu, was sehen wir im mittleren Horoskop?

TN: Der II. Quadrant.

ChN: Da ist der II. Quadrant irrsinnig stark. Und man kann da auch noch die Waage mit dranhängen. Die subjektiven Erlebniswelten, Spiel und Spaß, emotionaler Selbstausdruck plus Waage, also plus Aufführung auf den Bühnen der Öffentlichkeit, harmonisch, ästhetisch, künstlerisch. Und beim dritten Horoskop ganz rechts?

TN: Überwiegend der IV. Quadrant.

TN: Und ein bisschen auch der III. Quadrant.

ChN: Genau, hier verhält es sich ähnlich, wie wir es auch schon beim Horoskop von The Doors hatten. Da war ja die Ballung auch links und rechts um den 0° Steinbock verteilt. Das heißt, wir haben hier sowohl den III. als auch den IV. Quadranten sehr stark.

TN: Aber beim ersten Horoskop da haben wir auch die Häuser 12, 11 und 10 stark besetzt.

ChN: Das stimmt. Aber bei den Fundamentaltypen sind wir ja immer auf der Ebene des Tierkreises. Denn wir untersuchen ja den kollektiven Raum. Wir wollen wissen, was durch die Gruppenplaneten aus dem Gestaltspeicher des Tierkreises in die Wirklichkeit gebracht wird. Denn der Tierkreis ist in der Gruppe ja das einzige fixe Bezugssystem, das wir haben, um die Gruppe in einem gemeinsamen Raum zu verorten.
Aber natürlich sind in der Individualanalyse auch die Häuser wichtig. Wie kann man denn einen vollen Widder im 12. Haus deuten? Wie kann man diese beiden scheinbar konträren Aussagen unter einen Hut bringen? Denn hier würden sich ja die klassischen Textbausteine aus der Astrologieliteratur widersprechen. Ist das Horoskop nun stürmisch, nach vorne preschend durch das Widderzeichen oder zurückhaltend, verträumt und hintergründig durch das 12. Haus?

TN: Naja, der hat durch den Widder eine starke Initiative, die aber durch das 12. Haus eher ins Hintergründige geht.

ChN: Richtig, das Zeichen zeigt uns ja immer das Wie, sehr impulsiv, energetisch, pionierhaft, auf neue Erscheinungsformen in der Welt gerichtet. Aber diese neuen Erscheinungsformen sind im 12. Haus noch nicht so recht in der Öffentlichkeit sichtbar. Sie sind erst neugeboren, im Hintergrund, weitgehend außerhalb der öffentlichen Wahrnehmung. Das heißt, da tut sich irrsinnig viel Neues in der materiellen Welt, aber es ist noch nicht so richtig im öffentlichen Bewusstsein präsent.

TN: Aber es gibt doch auch zahlreiche prominente Persönlichkeiten, die erstaunlicherweise eine starke Besetzung des 12. Hauses haben, hab ich mal gelesen. Also können die doch schon in die Öffentlichkeit gehen.

ChN: Das sind natürlich immer Menschen, die etwas ganz Neues reinbringen. Im 12. Haus entsteht die Welt des Morgens. Das ist das schöpferische Urpotential, in dem die Zukunft geboren wird, wie der Sonnenaufgang ja bereits die Entfaltung des Tages in sich trägt. Da entsteht also all das, was uns morgen und übermorgen beschäftigen wird.

TN: Also wenn man das auf ein Unternehmen bezieht, dann könnte man sagen, es gibt ein Produkt, das gerade auf den Markt eingeführt wurde, aber noch nicht etabliert ist?

ChN: Ja, im 12. Haus wird das Neuland durch Minderheiten erkundet. Das kommt im Regelfall erst ein paar Jahre später im Mainstream an. Im Gegensatz dazu hat es das mittlere Horoskop einfacher. Da haben wir ja auch inhaltlich eine gewisse Quadrantendoppelung. Denn die Cluster fallen sowohl in den II. Tierkreisquadranten, als auch in den II. Häuserquadranten. Der Lebensquadrant ist also sowohl auf der kollektiven, als auch auf der persönlichen Ebene betont. Das ist dann natürlich auch viel unmittelbarer und lockerer von den vermittelten Inhalten her.
Denn bei allen drei Horoskopen handelt es sich um Fernsehsender. Wenn wir nur die ersten beiden Sender vergleichen, wie sind denn die inhaltlich positioniert? Wie differenzieren die sich denn voneinander?

TN: Der zweite Sender ist mehr für die breite Masse, mehr volkstümlich, und der erste Sender eher für einen Nischenbereich, eher spirituell-geistig.

ChN: Das geht schon in die richtige Richtung. Wobei das 12. Haus ja nicht unbedingt spirituell sein muss. Vielmehr ist es für alles Hintergründige zuständig. Das können auch philosophische oder politische Hintergründe sein oder auch einfach nur Geheimnisse und Verborgenes auf einer ganz trivialen Ebene. Das heißt, der erste Sender ist auf alle Fälle einer, der sehr viel Hintergrundberichterstattung bringt. Die verschiedenen Krisenherde der Welt, hier im vollen Widder, die ganzen neuesten Entwicklungen, überall dort wo gerade das Kollektiv umgegraben wird, wo gerade die ersten Rauchschwaden aufsteigen, wo die Welt sich gerade rasend verändert, über die Hintergründe davon wird berichtet.
Der zweite Sender spricht, wie Du richtig festgestellt hast, sicherlich die größere Publikumsmasse an, einfach weil er leichtere Kost bietet. Da geht es in erster Linie um Unterhaltung, Entertainment, Lebensfreude, verbunden mit den Bühnen der Öffentlichkeit.

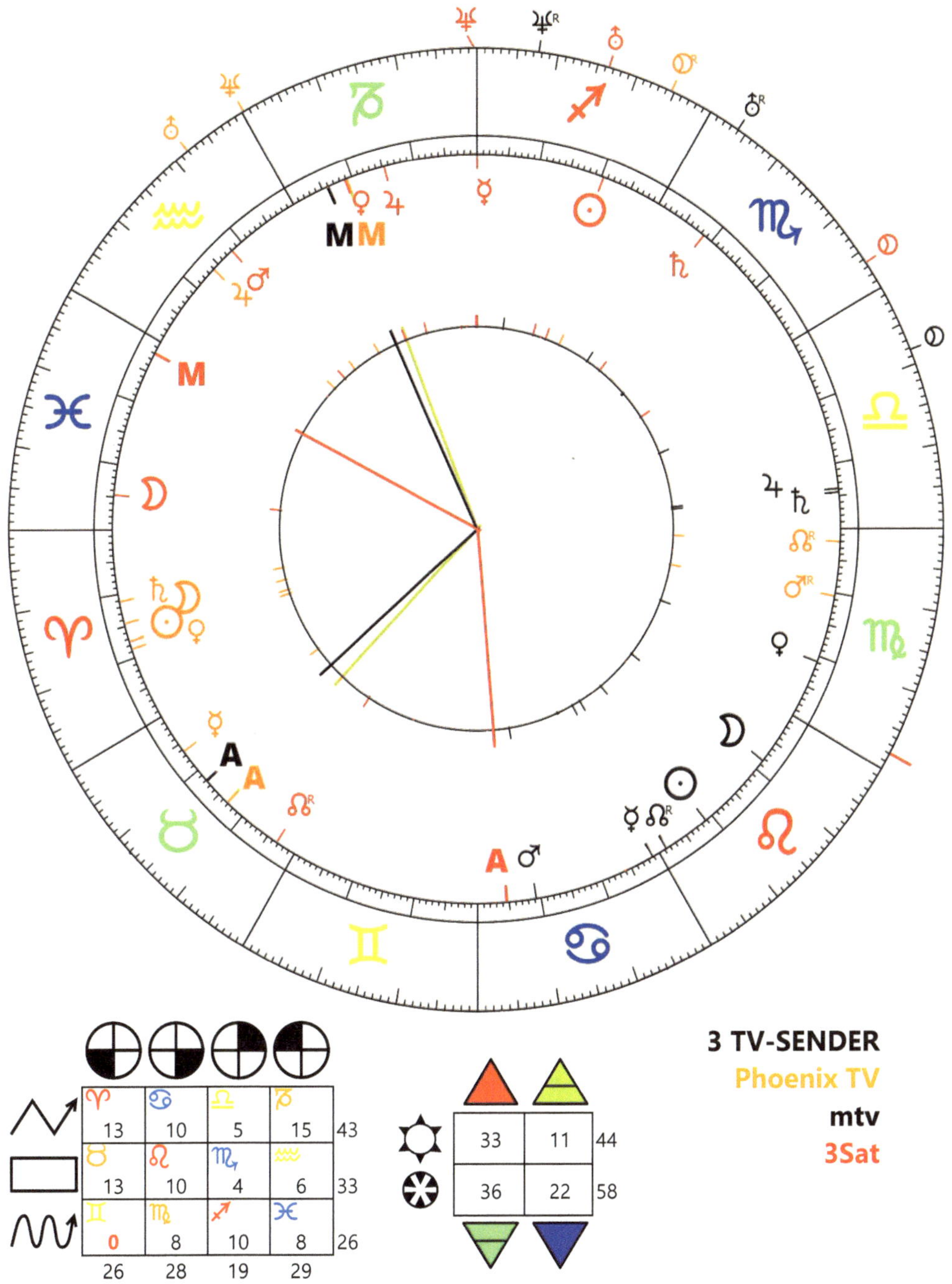

	♈ 13	♋ 10	♎ 5	♑ 15	43
	♉ 13	♌ 10	♏ 4	♒ 6	33
	♊ 0	♍ 8	♐ 10	♓ 8	26
	26	28	19	29	

	33	11	44
	36	22	58

Beim ersten Horoskop handelt es sich um Phoenix TV, also wie ihr richtig festgestellt habt ein ausgeprägter Nischensender, der sehr viel Nachrichten, Diskussionsrunden und Dokumentationen bringt über all die Themen, welche die Welt gerade verändern, Politik, Wissenschaft, aber auch Weltanschauliches. Und das machen die für eine relativ kleine Zielgruppe mit hohem intellektuellem Anspruch. Die wollen vor allem etwas über die Hintergründe und verborgenen Fakten hinter den aktuellen Ereignissen wissen. Die widmen sich also weniger den Themen, welche schon von den Massenmedien abgedeckt sind, sondern die sind in der Regel bereits zwei bis drei Krisenherde voraus oder eben in den aktuellen Krisenherden einige Schichten tiefer im Thema drin.
Der zweite Sender mit dem vollen II. Quadranten ist MTV. Die haben gar keinen philosophisch-weltanschaulichen Anspruch, sondern hier geht es ausschließlich um Spiel, Spaß und Unterhaltung. Angefangen haben die als der erste große Musikvideo-Sender. Das passt auch hervorragend zu Krebs und Löwe, den beiden Emotionalisten, und auch zur Waage, die ja immer für die ästhetische Aufführung und Darstellung auf der Bühne zuständig ist. Vor einigen Jahren hatten die eine katastrophale Neuausrichtung, weg von den Musikvideos und hin zu Trivialunterhaltung für Jugendliche, Cartoons, Reality Shows und anderes seichtes Geplänkel und Geblödle, was die Jungen beim Chillen so nebenbei laufen haben.

Und den dritten Sender lade ich jetzt mal über die Gruppenhoroskop-Funktion im ASTROPLUS dazu, damit ihr sehen könnt, wie einfach das praktisch funktioniert. Kann nun jeder das Fenster mit ASTROPLUS am Bildschirm sehen? Gut. Zuerst lade ich unter Einstellungen ein eigenes Design-Set, welches ich für das Gruppenhoroskop optimiert habe. Damit werden die Planeten ziemlich klein abgebildet, wodurch sie in der Grafik übersichtlicher arrangiert werden. Hier im zweiten Menüpunkt unter „Vergleich" ist das Gruppenhoroskop eine eigene Funktion. Dann kann man hier aus den Favoriten oder aus einer beliebigen Datenbank direkt die Horoskope in den Pool laden. Die werden auch gleich in der Horoskopgrafik sichtbar. Nun haben wir alle drei Sender im Pool. Auf das farbige Icon direkt neben dem Namen kann man draufklicken und dann einfach die Farbe ändern, sodass

man sehr schnell jedem Mitglied eine passende Farbe zuordnen kann. Bei Fernsehsendern bietet es sich an, die Farbe entsprechend dem Branding zu wählen, also nach der Farbe des jeweiligen Logos. Wir nehmen für 3Sat Rot, für Phoenix TV können wir das Orange lassen und MTV trägt sein Logo ja mittlerweile in Schwarz. Und schon haben wir das Gruppenhoroskop auf dem Bildschirm.
Da sehen wir ganz deutlich, wie im Gruppenhoroskop jeder Sender sein Revier hat. Phoenix TV hat den I. Quadranten fast für sich allein, insbesondere den Widder. Das Materielle-Reelle haben die für sich. Die bringen kein Fantasy, sondern konzentrieren sich auf die Realität, wie es sich für den I. Quadranten gehört.

Der II. Quadrant steht unter der Alleinherrschaft von MTV: Spiel, Spaß und Unterhaltung. Und 3Sat mischt die oberen beiden Quadranten. Einerseits haben die eine starke Positionierung in Schütze und ein wenig Skorpion, widmen sich also der geistigen Orientierung im Zeitgeistgeschehen. Und dann überlappen die sich im IV. Quadranten mit Phoenix TV. Das heißt, den Bereich der großen, überpersönlichen Welt teilen die miteinander. Beide bringen Sendungen über die übergeordneten, transpersonalen Entwicklungen auf dem Globus.
Wenn man nun einen weiteren Sender in diesem Marktumfeld positionieren möchte, dann sollte man sich Nischen im Tierkreis suchen, die noch nicht besetzt sind. Aber das ist dann bereits die höhere Kunst der astrologischen Unternehmensberatung und wird im Studiengang Wirtschaftsastrologie behandelt.[47]

ANHANG

Quellen

[1] Zur Entstehung der Astrologie siehe Niederwieser (2016/5), S. 51 und 151f und Niederwieser (2018); vermutlich ist die Astrologie noch weitaus älter. Doch müssen wir uns bei historischen Ausführungen immer an den vorliegenden Artefakten orientieren, welche im Fall der Astrologie – wie generell im Bereich der menschlichen Geistesgeschichte – erst mit Beginn der Schrift nachvollziehbar werden.

[2] Niederwieser (2018) im Kapitel „Die Geschichte der Astrologie"

[3] Vielleicht abgesehen von der Mathematik und der Poesie, zwischen welchen die Astrologie eine Synthese bildet, sowie der Religion.

[4] Eine Klarstellung der Zeitungsente von den „falschen Sternzeichen" siehe Niederwieser in Selke (2016).

[5] Zudem gibt es synodische Planetenzyklen, welche durch den Zeitraum zwischen den Konjunktionen zweier Planeten definiert werden, übergeordnete Zyklen, welche durch Zeichen- oder Elementwechsel dieser synodischen Planetenzyklen noch größere Zeiträume abdecken bis hin zum Platonischen Weltenjahr, welches sich über 26.000 Jahre erstreckt. Eine ausführliche Darstellung dieses Megazyklus findet sich in Weiss (1987), S. 177ff

[6] Das Combin wurde 1972 vom Wiener Astrologen Philip Schiffmann erfunden und 1976 erstmals publiziert – siehe Schiffmann (1976).

[7] Zur Berechnung des Multi-Composit siehe Koch / Treindl (2007)

[8] Anhänger der Hamburger Schule können hierfür natürlich auch wie gewohnt 0° Waage verwenden.

[9] Gruppenhoroskop der Star Trek Crew auf S. 75

[10] Im Falle einer Farb-Sehschwäche wie z.B. der Rot-Grün-Blindheit bereits früher. Auch bei schlechter Beleuchtung wird es schwieriger, die Farben zu differenzieren

[11] Der erste Artikel über das Gruppenhoroskop ist Niederwieser (2016/2)

[12] Eine Vorlage zum Zeichnen von Gruppenhoroskopen inklusive Auswertungsschema gibt es auf S. 185 oder kostenlos als PDF per E-Mail – schreiben Sie mir einfach eine kurze Nachricht an info@astro-management.com.

[13] Für die Nutzer von ASTROPLUS habe ich eine ausführliche Bedienungsanleitung erstellt, welche über die Hilfefunktion im Menü „Gruppenhoroskop" abgerufen werden kann.

[14] Anhand dieses Beispiels habe ich das Gruppenhoroskop erstmals in der Öffentlichkeit vorgestellt. Einen eigenen Artikel über diesen Fall habe ich für ASTROLOGIE HEUTE verfasst: Niederwieser (2016/2).

[15] Eine ausführliche Darstellung von Außentyp und Innentyp gibt es in Niederwieser (2002), S. 89ff.

[16] Ausführliche Darstellungen der vier Elemente in der Persönlichkeitstheorie finden sich in Niederwieser (2002), 99ff und Niederwieser (2016/5), 189ff, sowie Niederwieser (2017).

[17] Mehr über die teleologische Perspektive des Tierkreises bei Döbereiner (1993).

[18] In einer Computerauswertung bietet sich dafür eine Darstellung in Prozentzahlen an, weil diese weit einfacher zu deuten ist als absolute Zahlenwerte.

[19] „Die Astrologischen Generationen" von Friedel Roggenbuck ist als Artikelserie erschienen in ASTROLOGIE HEUTE No. 144-149 und kann auch direkt bei Friedel bestellt werden unter www.astrodrama.de – Roggenbuck (2010).

[20] „Phänomen der Novum-Inkubation" in Niederwieser (2015/1), S. 120

[21] „Mode-Modelle und Theoritis" in Niederwieser (2016/5), S. 264f

[22] Siehe „Willensspielraum und Kultivierungsgrad" auf S. 45f

[23] Zur Innovationszone des Tierkreises siehe S. 47ff

[24] Niederwieser (2016/6) auf www.astro.com/astrologie/in_startrek_g.htm

[25] John Lennons offizielle Geburtszeit von 18:30 GDT ergibt rechnerisch 20° Widder. Da dieser Aszendent jedoch sehr schnell aufsteigt und halbstündige Geburtszeiten selten exakt sind, ist von einem etwas früheren Grad um die 17° Widder auszugehen.

[26] Wolfgang Döbereiner gibt diesem Gradbereich Mars-Uranus-Qualität und sieht ihn symptomatisch für ein schwaches Vaterbild, welches zur Überkompensation im Männlichen führt.

[27] Zum Neptun-Pluto-Sextil siehe S. 86

[28] Robson (1990), S. 123

[29] Ebertin (1969), S. 56

[30] Vgl. Website "Minor Planet Center" der International Astronomical Union: http://www.minorplanetcenter.net/

[31] Heeren, Robert von / Koch, Dieter (1995)

[32] Einen ausführlichen Artikel zum Thema Planetoiden gibt es in Niederwieser (2016/3)

[33] Held (2017), kann direkt bei Werner bestellt werden unter www.werner-held.de

[34] Felber (2003)

[35] Liefeld (2017) auf www.top-astro.de

[36] Artikel „Die Planetoiden-Matrix" siehe Niederwieser (2016/3)

[37] Mehr zum 90-Grad-Kreis u.a. in Witte (1928) und Witte (1975)

[38] Mehr zur Häuserproblematik siehe S. 105ff

[39] Anders sähe es bei einer Software-Lösung für das Häuser-Gruppenhoroskop aus. Hier könnte die komplexe Variante des Häuser-Gruppenhoroskops einfach berechnet werden.

[40] Weiss (2016)

[41] Zu den Transiten auf das Gruppenhoroskop von „Wetten, dass..?" siehe S. 156ff.

[42] Artikel „Das Prognoskop" siehe Niederwieser (2016/4)

[43] Mehr zu den Häuserrhythmen in Glahn (1924)

[44] Zum Auszählungsverfahren siehe S. 66ff

[45] Ausführliche Artikel zum Astro-Kondratieff Technologiezyklus gibt es in Niederwieser (2015/2), Niederwieser (2015/3), Niederwieser (2016/1) und Niederwieser (2016/7).

[46] Artikel „Die Höhle der Löwen im Gruppenhoroskop" siehe Niederwieser (2016/9)

[47] Mehr über Branding und Markenpositionierung der drei TV-Sender in Niederwieser (2016/8)

Literatur

Döbereiner, Wolfgang (1993) *Weg der Aphrodite*, München: Verlag Döbereiner

Ebertin, Reinhold (1969) *Die Bedeutung der Fixsterne*, Aalen: Ebertin Verlag

Felber, Frank (2003) *121 Himmelskörper: 11 Planeten, 32 Asteroiden, 78 Fixsterne*, Graz: Jupiter + Uranus Verlag

Glahn, Frank (1924) *Erklärung und systematische Deutung des Geburtshoroskopes*, Bad Oldesloe: Uranus Verlag

Heeren, Robert von / Koch, Dieter (1995) *Pholus – Wandler zwischen Saturn und Neptun*, Tübingen: Chiron Verlag

Held, Werner (2017) *Liste mit 500 Asteroiden und anderen Himmelskörpern incl. Deutungsansätzen, astronomischen Daten und Charts der Entdeckungshoroskope*, Berlin: Eigenverlag – erhältlich auf www.werner-held.de

Koch, Dieter / Treindl, Alois (2007) *Multipersonale Kompositoroskope (Multikomposit)*, Zürich: Astrodienst Zürich unter http://www.astro.com/astrologie/in_multicomp_g.htm

Liefeld, Rolf (2017) *Diverse Artikel über wichtige Planetoiden wie Eris, Haumea, Ixion oder Quaoar*, Riemerling: www.top-astro.de

Niederwieser, Christof (2002) *Über die magischen Praktiken des Managements – Persönlichkeitsmodelle des modernen Managements im kulturhistorischen Vergleich*, München und Mering: Rainer Hampp Verlag

Niederwieser, Christof (2015/1) *Prognostik 01: Zukunftsvisionen*, Norderstedt: BoD

Niederwieser, Christof (2015/2) *Der astrologische Kondratieff-Zyklus* in Astrologie Heute Nr. 176, August/September 2015, Wettswil: Astrodata AG

Niederwieser, Christof (2015/3) *Die Morphologie des Astro-Kondratieff* in Astrologie Heute Nr. 177, Oktober/November 2015, Wettswil: Astrodata AG

Niederwieser, Christof (2016/1) *Katalypse 2025: Saturn, Uranus, Neptun und Pluto in Formation* in Astrologie Heute Nr. 179, Februar/März 2016, Wettswil: Astrodata AG

Niederwieser, Christof (2016/2) *Das Gruppenhoroskop* in Astrologie Heute Nr. 180, April/Mai 2016, Wettswil: Astrodata AG

Niederwieser, Christof (2016/3) *Die Planetoiden-Matrix* in Meridian 2016/3, Lenzkirch: Jehle & Garms oHG

Niederwieser, Christof (2016/4) *Das Prognoskop – Prognosemethoden in der Zusammenschau* in Astrologie Heute Nr. 181, Juni/Juli 2016, Wettswil: Astrodata AG

Niederwieser, Christof (2016/5) *Prognostik 02: Zeichendeutung*, Trossingen: Zukunftsverlag

Niederwieser, Christof (2016/6) *50 Jahre Star* Trek auf http://www.astro.com/astrologie/in_startrek_g.htm, Zürich: Astrodienst AG

Niederwieser, Christof (2016/7) *The Astrological Kondratiev Cycle* auf http://www.astro.com/astrology/in_kondratiev_e.htm, Zürich: Astrodienst AG

Niederwieser, Christof (2016/8) *Branding mit Astrologie* in Astrologie Heute Nr. 180, August/September 2016, Wettswil: Astrodata AG

Niederwieser, Christof (2016/9) *Die Höhle der Löwen im Gruppenhoroskop* in Meridian 2016/6, Lenzkirch: Sternenwerkstatt-Verlag

Niederwieser, Christof (2017) *Die vier Temperamente im Management* in Astrologie Heute Nr. 185, Februar/März 2017, Wettswil: Astrodata AG

Niederwieser, Christof (2018) *Prognostik 03: Trends und Zyklen der Zeit*, Rottweil: Zukunftsverlag

Robson, Vivian (1990) *Fixsterne – Bedeutung und Konstellationen im Horoskop*, München: Hugendubel Verlag

Roggenbuck, Friedel (2010) *Die Astrologischen Generationen* in Astrologie Heute Nr. 144-149, Wettswil: Astrodata AG – auch direkt bestellbar unter www.astrodrama.de

Schiffmann, Heinrich (1976) *Combin - das dynamische Gemeinschaftshoroskop* in Astrologischer Auskunftsbogen Nr. 295 / 26.Jg. / Januar 1976, Warpke-Billerbeck: Baumgartner Verlag

Selke, Bolle (2016) *Entwarnung: Sternzeichen dürfen bleiben – Experten entlarven die „Ente"* auf www.sputniknews.com - mit Auszügen eines Radiointerviews für Radio Berlin Live mit Dr. Christof Niederwieser, Moskau: Internationale Nachrichtenagentur Rossiya Segodnya

Weiss, Claude (1987) *Astrologie – Eine Wissenschaft von Raum und Zeit*, Wettswil: Edition Astrodata

Weiss, Claude (2016) *Warum wir uns inkarnieren – Das Geheimnis des karmischen Neumondes*, Wettswil: Edition Astrodata

Witte, Alfred (1928) *Regelwerk für Planetenbilder*, Hamburg: Witte Verlag

Witte, Alfred (1975) *Der Mensch - eine Empfangsstation kosmischer Suggestionen,* Hamburg: Ludwig Rudolph (Witte Verlag)

Themenregister

1992 QB1 119
30-Grad-Linie 117ff
3D-Modell von Reddin 54, 188
6er-Rhythmus 130
7er-Rhythmus 130
90-Grad-Kreis 121ff

Abteilungsleiter 32, 47ff, 96, 107
Alterspunkt 130
Anderthalbquadrat → *Trioktil*
Ankerachse **97ff**, 101f, 156, 159
Ankeraspekt **97ff**, 101ff, 121, 132f
Ankergrad **46**, 48, 94, **96ff**, 101f, 110f, 114, 132f
Ankerkreuz **97ff**, 102, 110, 123, 125, 156, 159
Ankerstern 98ff
Antares (Fixstern) 112ff
Arabische Punkte 41, 121
Arabischer Frühling 158
Archetypen 23ff, 114
Archetypenkopulation 9, 91
Aspekte 9, 11, 25f, 43, 86, **96ff**, 105ff, 116ff, 121ff, 128ff, 132f → *Ankeraspekte*
Asteroiden 118ff
Astro-Kondratieffzyklus 145ff
AstroMANAGEMENT System 10, 137, 156f
Aszendent 26, 68, 76f, 101f, 104, 108ff, 112f, 124, 130, 147, 152, 155f
Aufstellung mit Gruppenhoroskop 131ff
Ausgewogener Typ 62f
Außenseiter 95
Außentyp 52f
Auswertungsschema, Auszählverfahren → *Gewichtungsverfahren*

Baby Boomer 84f
Bahnkreuzer 121
Ballungen 46, 50f, 82, 94, 112, 123f, 137, 148, 162 → *Cluster*
Bequemlichkeit 79, 85, 91, 98
Bewegliche Zeichen 60f, 68, 123, 156
Beziehungsgeflechte 100ff, 116, 127
Beziehungsmuster 38f, 96ff
Biedermeier 86
Bildrechnen 9, 91
Black Metal 136ff
Branding 10, 38, 167
Brexit 148, 154
Buchhaltungsabteilung 47

Chariklo 120
Chiron 118ff
Choleriker 54
Cluster **44ff**, 68, 80, 82, **104ff**, 108, 113, 118, 123, 134, 140, 151, 164 → *Ballungen*
Combin 30f, 139
Compliance 144
Composit 30f, 139
Cubewanos 119

Death Metal 136
Deklinationen 26
Deutungssystem Gruppenhoroskope 10ff, 39ff
Direktionen 28, 126ff
DISG®-Modell 54
Domizil (klassische Würden) 45, **91ff**, 95, 100

Eigenwert 111
Einzelhoroskop 10, 20f, 28, 43, 131, 160ff
Elementenlehre 32ff, **54f**, 62, 98, 137
Entertainment 155, 164
Entwicklungskorridor 45
Entwicklungsstand 45, 95

Erde (Element) **54f**, 62ff, 98
Erfindungen 49, 112
Erhöhung (klassische Würden) 91ff, 94f, 100
Eris 27, 84, 120
Esotainment 9, 73
Exil (klassische Würden) 91ff, 100
Experimentalmusik 136
Experten 22, 95, 144

Faktorenbesetzung 106ff
Fall (klassische Würden) 45, 192ff, 100, 156
Familie 11, 21f, 38, 42, 45, 86, 88, 98, 101ff, 110, 125, 131, 158
Farbsystematik 32ff
Fernsehsender 160ff
Fernsehsendungen 111ff, 154ff
Feuer (Element) 32, **54ff**, 98, 113, 136, 160ff
Finalität 49, 56
Finanzsystem 151
Fische 46, 48ff, **59**, 61, 63ff, 74, 90, 95, 113, 147f, 152, 155, 160
Fixe Zeichen **61**, 63ff, 70f, 122
Flexible Zeichen → *Bewegliche Zeichen*
Flugzeugabsturz 22ff
Fokus-Gruppenhoroskop 14, 40, **104ff**, 151ff, 154ff
Fokusperson 32, 47f, 104ff
Fokusperspektive → *Fokus-Gruppenhoroskop*
Froschperspektive 104
Fundamentaltypen **52ff**, 80, 124, 137, 143, 162ff
Funk (Musik) 145

Galaktisches Zentrum 148ff, 152
Geistesquadrant → *Quadranten*
Gelöst 54f
Generation X 84
Generation Y 84
Generationenkonflikte 85
Generationenprägung **35f**, 70, 80, **84ff**, 102, 120, **142ff**
Gesellschaftsplaneten 66, 79 → *Jupiter, Saturn, Mondknoten*
Gespannt 54ff
Gewichtungsverfahren 66ff
GOH 106, 130
Gothic Rock 146
Gradkämpfe 44
Gründer 32, 47, 96, 107f, 111ff, 139
Gruppenastrologie 20ff
Gruppendynamik 39ff, 72, 95, **96ff**
Gruppenführer 107 → *Abteilungsleiter, Gründer*
Gruppen-Gradliste 106ff
Gruppenhoroskop, Einsteigertipps 42
Gruppentektonik 110ff

Halbquadrat → *Oktil*
Halbsextil (Aspekt) 118
Halbsummen 26, 30
Hamburger Schule 9, 43, 118, 121ff
Haumea 84
Haus Zwölf 105, 124, 155, 163f
Häuser-Gruppenhoroskop 123f
Häuserkreis 25f, 76, **104ff**, 123f
Häuserproblem 105ff
Häuserquadranten **104ff**, 108, 113f, 124, 152, 164
Häuserrhythmen 28, 127, 130
Häusersysteme 11, 43, 105f, 130
Heavy Metal 136
Helikoptereltern 86
Hilfshoroskope 124f
Hippies 84, 101, 140
Huber-Methode 43, 130

IC → *Nadir*
Impuls **60f**, 63ff, 122, 137

Imum Coeli → *Nadir*
Individualebene 80, 120
Individuum **20ff**, 26, 76ff, 88
Informationstechnologie IT 85, 145f
Innentyp 53, 63ff
Innovationszone des Tierkreises **48ff**, 94, 113, 147
Interaktionsmuster 26, 72, **96ff**, 132ff
Interdisziplinarität 23
Investoren 111ff

Jahr ohne Sommer 86
Jahreszeiten 24f, 56
Jungfrau **58**, 61, 63ff, 74, 84, 85, 88f, 90, 112ff, 136ff, 143ff, 151, 155
Jupiter 27, 49, 68, **79f**, 81ff, 95, 102, 107f, 110, 112ff, 159

Kalender 20
Kardinale Zeichen **60f**, 102, 122
Karmischer Neumond 124f
Kausalität 49, 56
Kentauren 118ff
King Crimson 146
Koch-Häuser → *GOH*
Kohorten 84
Kollektivanalyse 40, **44ff**, 138ff, 147
Kollektiv-Astrologie **20ff**, 87
Kondratieffzyklus 145ff
Konkurrenz 44, 108, 120
Konjunktion (Aspekt) 84, 94, 97, 106, 112ff, 116, 118, 121ff, 137, 145, 159 → *Ankergrad, Ballung, Cluster, Faktorenbesetzung*
Kooperation 44
Koordinatensystem 24ff, 62, 90, 160
Krebs 24, 35, **58**, 60, 63ff, 88, 90, 95, 112, 138f, 158, 166
Kreislauf → *Zyklus*
Kultivierungsgrad 45f, 107
Kulturbrille 35, 84

Lebensquadrant → *Quadranten*
Leitmotiv 96
Leitsystem 41, 106, **110ff**, 154f
Lilith 118, 120
Logikblase 23
Löwe 35, 45, 48, 50, **58**, 61, 63ff, 70f, 84f, 88f, 90, 96, 108, 111ff, 137ff, 143ff, 148, 152, 166
Lücken 40, **44ff**, 62, 68, 80, 95, **104ff**, 108, 113ff, 123, 134ff, 151
Luft (Element) 32, **55**, 63ff, 98
Lunar 127ff

Mainstream 87, 164
Makemake 84
Malen eines Bildes 56
Management-Diagnostik 54, 188
Manager-Typologie von Maccoby 54, 188
Mangeltyp 62
Marketing 10, 38, 58
Mars 21, 27, 45, 47, 50, 76, **79**, 95, 101, 105, 107ff, 128, 136, 150ff, 155
Materiequadrant → *Quadranten*
MC → *Meridian*
Medienlandschaft, Veränderungen 148ff
Medium Coeli → *Meridian*
Melancholiker 54
Meridian 26f, 32, 35, 68, **76f**, 102, 106, 108, 112ff, 124, 132, 150, 154, 159
Merkur 47, 49, 72, **78**, 94f, 107, 114, 128, 139f, 155f
Mesopotamien 20
Methode Ebertin 43, 112
Milchstraße 148
Mode-Modelle 87
Modelle 24, 54, 59, 61, 70, 87, 112, 156
Moden 35, 84, 87, 143, 145
Mond 20ff, 26f, 45, 48, 50, 76, **78**, 91, 94ff, 102, 106ff, 113f, 124ff, 150, 159
Mondknoten **80**, 94, 102, 113, 132, 152
Morphologie 24

Multi-Combin 30f, 139
Multi-Composit 30f, 139
Multi-Synastrie 30f
Münchner Rhythmenlehre 10, 43, 130, 168f
Mundanastrologie 21, 38, 152, 156 → *Neptun, Pluto*
Mundharmonika 137
Musik 43, 70, 101f, **136ff**, 166
Mutterbeziehungen 102, 108ff

Nachbarschaften 21, 42, 107
Naturell 60
Neptun 21, 27, 35f, **84ff**, 110, 114, 125, 143, 155, 159f
Neptun in Löwe 88
Neptun in Jungfrau 89
Neptun in Waage 137
Neptun in Skorpion 136
Neptun-Pluto **86**, 102
Nessus 120
Neuland 94, 164
Novum-Inkubation, Phänomen der 87

Oktil (Aspekt) 100, 121ff
Opposition (Aspekt) 82, **97f**, 114, 118, 121ff, 159 → *Ankerachse*
Orbis 46, 97, 121
Organisation 11, 22, 28, 30, 38f, 50, 96f
Orkus 84

Partnerschaft 21, 30, 38, 42, 84, 102, 152
PDF-Dossier Gruppenhoroskope 8, 82
Pelion 120
Periodizitäten 27
Personalberatung 10, 38, 48ff
Persönlichkeit 26f, 54, 73, **76ff**, 104, 107
Phlegmatiker 54
Pholus 118ff
Pink Floyd 146
Placidus 106, 129f
Planetar-Prognoskop 128
Planetenbogen-Prognoskop 128f
Planetenfelder 76ff, 132
Planetenknoten 121
Planetenstands-Analyse 72ff
Planetoiden 27, 35, 41, 73, 84, **118ff**
Planetoiden-Matrix 121
Planetoiden-Ring 121
Pluto 26f, 35f, **84ff**, 102, 105, 107, 125, 136, 143, 152, 155ff
Pluto in Krebs 88
Pluto in Löwe 70, 84f, 143ff
Pluto in Jungfrau 85, 136, 143ff
Pluto in Waage 85, 145ff
Polaritäten **52f**, 63ff, 98
Politik 39, 43, 108ff, 147ff
Popmusik 101ff, 145ff
Positionierung 38, 63, 167
Prognosemethoden → *Prognostik*
Prognoskop 127ff
Prognostik 41, **125ff**, 146, 156
Progressionen 28, **126ff**
Progressive Rock 146
Progressives Gruppenhoroskop 126f
Projektionen 101, 105
Psychedelic Rock 146
Punk (Musik) 146
Pylenor (TA 1994) 120

Quadranten 46, **56ff**, 63ff, 162ff, 166f
Quadrant I. Materie **57**, 70, 142, 147, 167
Quadrant II. Leben **58**, 82, 88, 112, 137ff, 166f
Quadrant III. Geist **58f**, 140ff
Quadrant IV. Welt **59**, 140ff
Quadrat (Aspekt) 21, 39, 86, **97f**, 102, 106f, 116ff, 121ff, 156, 159f → *Ankerkreuz*
Quinkunx (Aspekt) 118

Radix 98, 105ff, 120, 126ff
Recruiting 48ff

Regiomontanus 106
Rhythmen-Prognoskop 130
Rockmusik 136ff
Rollenverteilung 40, **72ff**, 132
Röntgenstrahlung 129, 131

Sanguiniker 54
Saturn 27, 35, 39, 45, 47, 68, **79f**, 91, 105, 107f, 112, 114, 120f, 125, 128, 132, 143, 151, 154, 156, 159f
Schütze **59**, 61, 63ff, 82f, 90, 96, 140ff, 147, 150, 167
Schütze, 10° → *Antares*
Schütze, 27° → *Galaktisches Zentrum*
SDOs (Scattered Disc Objects) 119
Sedna 27, 84
Semantische Kombination 66
Sensitive Punkte → *Arabische Punkte*
Sextil (Aspekt) 82, 86, **98f**, 107, 118 → *Ankerstern*
Skorpion 35f, **59**, 61, 63ff, 70f, 90, 95, 108, 112, 136, 154, 167
Slayer 136
Solar 127f
Sonne 20, 26f, 32, 45, 47, 49, **73ff**, 94f, 101f, 106, 108ff, 132, 138f, 150, 154ff, 163
Sonnenaufgangshoroskop 124
Sonnenbogen 126ff
Sonnenstands-Analyse 73ff
Sonnenwende 24, 56
Soul (Musik) 145
Spannungen 40, 45, 97f, 102
Spiegelpunkte 26, 70, 140ff
Steinbock 35f, 47f, **59f**, 63ff, 68, 74, 83, 86, 90, 102, 108, 136f, 140, 152, 156
Steinbock, 0° 24, 56, **140f**, 162→*Weltgrad*
Stellenwert 105, 110f
Stellvertreter 48, 123f
Sternzeichen 24f, 73, 139
Stier 45, **57**, 61, 63ff, 70, 74, 90, 94f, 108, 113, 139, 151, 162
Stundenastrologie 91
Symbole 9, 23
Synastrie → *Multi-Synastrie*
Synthesizer-Musik 145f
Systemische Lösungsansätze 50f
Systemische Therapie 21, 30, 38 95
Systemtheorie 9, 22ff

Tag- und Nachtgleichen 24, 56
Techno Musik 137
Technologiezyklus → *Astro-Kondratieff*
Teleologie 56
Temperamentenlehre 54, 98
Theoritis 87
Thereus 120
Tierkreis 24ff, 32, 35f, 37, 43ff, 48ff, 52ff, 63ff, 90ff, 96, 116, 121, 163ff
TNOs (Transneptunian Objects) 118f
Transite 10, 21, 28, 98, 118, **125**, 128, 146
Transneptuner (Hamburger Schule) 118
Transpersonale Astrologie 43
Transsaturnier 35
Trends 35, 49, 84, 87, 143, 145f
Triebplaneten 66, **78ff**
Trigon (Aspekt) 74, 82, **98**, 107, 112, 118 → *Ankerdreieck*
Trioktil (Aspekt) 100, 121ff
Trivialastrologie 73 → *Esotainment, Sternzeichen*
TV-Sender → *Fernsehsender*

Ukraine, Einmarsch 148
Unternehmensberatung, astrologische 10f, 47ff, 110ff, 144, 164, 167
Uranus 35f, 49, 70, 80, 84ff, **87**, 94, 102, 105, 108, 110, 112, 114, 120f, 128, 137, 143, 145, 152, 154, 156, 159
Uranus-Pluto 84, 145ff, 156ff

Van der Graaf Generator 146

Venus 45, 48, **78f**, 81f, 107, 112ff, 128, 150, 156, 159
Veränderliche Zeichen → *Bewegliche Zeichen*
Verkaufsteam 47
Video On Demand 158
Vogelperspektive 32, 104

Waage 35f, 46f, **59f**, 63ff, 82ff, 90, 101f, 112, 143, 145
Waage 15-20° 101f
Wahrnehmungsbrille 21, 23, 48, 104, 110, 119, 151
Wasser (Element) 32, **55**, 62ff, 98
Wassermann 48f, **59**, 61, 63ff, 70, 82, 90, 94, 112f, 147
Wassermann, Jahrgang 1962 51
Weltgrad 140
Weltquadrant → *Quadranten*
Widder 32, 45, 48ff, **57**, 60, 63ff, 70, 74, 82, 90, 94, 101f, 112f, 148, 156, 160, 162ff
Widder, 15-20° 101f
Willensfreiheit 45
Wirtschaftsastrologie 10, 12, 47ff, 87, 111ff, 156, 167 →*Unternehmensberatung*
Würden, essenzielle **91ff**, 99 → *Domizil, Exil, Erhöhung, Fall*

Zeichenbesetzung 90ff
Zeichnen von Gruppenhoroskopen 37f
Zeitgeist 23, 26, 35, 41, 54, 80, 84, 111, 119, 156, 158f, 167
Zodiak → *Tierkreis*
Zusatzfaktoren 35, 121 → *Arabische Punkte, Asteroiden, Planetenknoten, Planetoiden*
Zweckgemeinschaften 106
Zweierbeziehungen 21, 28
Zwillinge 27, **57**, 61, 63ff, 70, 90, 95, 138, 154
Zyklenkomplexität 26f
Zyklus 9, 24, 26f, 52, 56, 145, 160

Personen- und Firmenregister

3Sat 160ff

Al Biruni 23
Assange, Julian 159
Astro.com 94
AstroDatabank 119
Astrodienst Zürich 119
Astrologie Heute (Zeitschrift) 12, 37, 84, 127, 134
AstroMANAGEMENT Zentrum 12, 134
Astroplus (Software) 12, 38, 166f

Bachmann, Verena 124
Brandt, Willy 150

Cameron, David 147ff, 154ff
Copperfield, David 155

Deacon, John 135, 138
Deep Purple 142
Döbereiner, Wolfgang 10, 43, 130, 168f
Dümmel, Ralf 113ff

Ebertin, Reinhold 43, 112
Edison, Thomas Alva 49
Elstner, Frank 155ff
Erdogan, Recep 147ff

F&E-Abteilung 28ff, 32ff, **47ff**, 94, 96f, 107, 134, 147
Felber, Frank 121

Genesis (Band) 142
Glahn, Frank 43, 130
Gottschalk, Thomas 155ff
Guttenberg, Karl-Theodor zu 159

Heeren, Robert von 119f
Held, Werner 121
Hoeneß, Uli 159
Höhle der Löwen (TV-Serie) 114ff, 154
Hollande, François 149ff
Huxley, Aldous 142

Koch, Dieter 119

Lady Diana 108ff
Lamborghini, Ferruccio 139
Lanz, Markus 155ff
Lennon, John, Julian, Sean 101ff
Liefeld, Rolf 121
Lilly, William 23

Maccoby, Michael 54, 188
Maschmeyer, Carsten 113
Mateschitz, Dieter 139
May, Brian 138
Mercury, Freddie 138f
Meridian (Zeitschrift) 121, 154
Merkel, Angela 147ff
Messner, Reinhold 155
Metallica 136
Monty Python 68ff
Mtv 160ff, 166f

NATO 150

Obama, Barack 147, 154
Ono, Yoko 101ff
Osborne, Ozzy 137

Phoenix TV 160ff, 166f
Prince Charles 108ff
Prince Philip 108ff
Ptolemäus 23
Putin, Vladimir 147ff

Queen Elizabeth II. 108ff
Queen Mum 108f
Queen, Band 134ff

Raumschiff Enterprise → *Star Trek*
Red Bull 139
Reddin, William James 54, 188
Robson, Vivian 112
Roggenbuck, Friedel 84
Röntgen, Wilhelm 129
Roscher, Michael 140
Royal Family 108ff

Schlecker, Anton 159
Schweizer, Jochen 112, 114f
Star Trek 74f, 81ff, 88f, 94f, 117
Swiss Ephemeris 119

Taylor, Roger 138
The Doors 139ff
Thelen, Frank 112, 114f
Tsipras, Alexis 159

Weiss, Claude 124f
Weltpolitiker 147ff
Wetten, dass..? (TV-Serie) 154ff
Wikileaks 159
Williams, Judith 113ff
Wurst, Conchita 159

Youtube 158

Daten der Beispiele

Die in den Beispiels-Gruppenhoroskopen verwendeten Geburtsdaten stammen aus folgenden Quellen:

- alle Daten mit Geburtszeit: AstroDatabank (www.astro.com/astro-databank)
- alle Daten ohne Geburtszeit: Wikipedia
- alle Ereignisse und Erstausstrahlungen: mein persönliches Archiv

Die Datenqualität ist nach dem etablierten Rodden Rating System (RR) von Lois Rodden, der großen Pionierin im Sammeln astrologischer Daten, angegeben

Monty Python (S. 69)
Eric Idle - 29.03.1943 – 13:20 GDT – South Shields, England (55N0 – 01W25) - RR A
Graham Chapman - 08.01.1941 – 08:30 GDT – Leicester, England (52N38 – 01W05) – RR C
John Cleese - 27.10.1939 – 03:15 – Weston Super Mare, England (51N21 – 02W59) – RR A
Michael Palin - 05.05.1943 – 11:45 GDWT – Sheffield, England (53N23 – 01W30) – RR A
Terry Gilliam - 22.11.1940 – 00:35 CST – Minneapolis, Minnesota (44N59 – 93W16) – RR A
Terry Jones - 01.02.1942 – 11:00 GDT – Colwyn Bay, Wales (53N18 – 03W43) – RR A

Die Star Trek Crew (S. 75, 81, 117)
William Shatner – 22.03.1931 – 04:00 EST – Montréal, Quebec (45N31 – 73W34) – RR A
Leonard Nimoy – 26.03.1931 – 20:30 EST – Boston, Massachusetts (42N22 – 71W04) – RR C
George Takei – 20.04.1937 – 02:10 PST – Los Angeles, California (34N03 – 118W15) – RR AA
DeForest Kelley – 20.01.1920 – no time – Atlanta, Georgia (33N44 – 84W23) – RR X
James Doohan – 03.03.1920 – no time – Vancouver, Canada (49N16 – 123W07) – RR X
Nichelle Nichols – 28.12.1933 – no time – Robbins, Illinois (41N38 – 87W42) – RR X
Walter Koenig – 14.09.1936 – no time – Chicago, Illinois (41N51 – 87W39) – RR X

Die Lennons (S. 103)
John Lennon – 09.10.1940 – 18:30 GDT – Liverpool, England (53N25 – 02W55) – RR A
Julian Lennon – 08.04.1963 – 07:45 GDT – Liverpool, England (53N25 – 02W55) – RR B
Sean Lennon – 09.10.1975 – 02:00 EDT – Manhattan, New York (40N46 – 73W59) – RR AA
Yoko Ono – 18.02.1933 – 20:30 JST – Tokyo, Japan (35N42 – 139E46) – RR A

Die Royal Family (S. 109)

Queen Elizabeth II – 21.04.1926 – 02:40 GDT – London, England (51N30 – 0W10) – RR AA
Lady Diana – 01.07.1961 – 19:45 GDT – Sandringham, England (52N50 – 0E30) – RR A
Prince Charles – 14.11.1948 – 21:14 GMT – London, England (51N30 – 0W10) – RR A
Prince Harry – 15.09.1984 – 16:20 GDT – Paddington, England (51N32 – 0W12) – RR A
Prince Philip – 10.06.1921 – 21:46 EET – Corfu, Greece (39N40 – 19E42) – RR DD
Prince William – 21.06.1982 – 21:03 GDT – Paddington, England (51N32 – 0W12) – RR AA
Queen Mum – 04.08.1900 – 00:30 GMT – London, England (51N30 – 0W10) – RR DD

Die Höhle der Löwen (S. 115)

Erstausstrahlung - 19.08.2014 - 20:15 MET/S – Köln, Germany (50N56, 05E59) – RR AA
Jochen Schweizer - 23.06.1957 – no time – Ettlingen, Germany (49N25, 8E43) – RR X
Frank Thelen - 10.10.1975 – no time – Bonn, Germany (50N44, 7E05) – RR X
Judith Williams - 18.09.1971 – no time – München, Germany (48N08, 11E34) – RR X
Ralf Dümmel - 02.12.1966 – no time – Bad Segeberg, Germany (53N56, 10E17) – RR X
Carsten Maschmeyer - 08.05.1959 - no time – Bremen, Germany (53N04, 8E49) – RR X

Prognoskop Röntgen (S. 129)

Wilhelm Röntgen – 27.03.1845 – 16:00 LMT – Lennep, Germany (51N11 – 07E15) – RR AA
Entdeckung Röntgenstrahlung – 08.11.1895 – „Abends" – Würzburg (49N48 – 9E56) - RR AA

Rockband Queen (S. 135)

Freddie Mercury – 05.09.1946 – no time – Zanzibar, Tanzania (6S10 – 39E11) – RR X
Brian May – 19.07.1947 – no time – Middlesex, England (51N29 – 0E22) – RR X
John Deacon – 19.08.1952 – no time – Leicester, England (52N38 – 1E05) – RR X
Roger Taylor – 26.07.1949 – no time – Norfolk, England (52N35 – 1E00) – RR X

Rockband The Doors (S. 141)

Jim Morrison – 08.12.1943 – 11:55 EWT – Melbourne, Florida (28N05 – 80W36) – RR AA
John Densmore – 01.12.1944 – 04:27 PWT – Santa Monica, Calif. (34N01 – 118W29) – RR AA
Robby Krieger – 08.01.1946 – 22:54 PST – Los Angeles, California (34N03 – 118W15) – RR C
Ray Manzarek – 12.02.1939 – 03:30 CST – Chicago, Illinois (41N51 – 87W39) – RR A

Weltpolitiker 2016 (S. 149, 153)

Angela Merkel – 17.07.1954 – 18:00 MET – Hamburg, Germany (53N33 – 09E59) – RR B
Barack Obama – 04.08.1961 – 19:24 AHST – Honolulu, Hawaii (21N18 – 157W52) – RR AA
David Cameron – 09.10.1966 – 06:00 GDT – London, England (51N30 – 0W10) – RR A
François Hollande – 12.08.1954 – 00:10 MET – Rouen, France (49N26 – 1E05) - RR AA
Recep Erdogan – 26.02.1954 – 04:25 EET – Istanbul, Turkey (41N01 – 28E58) – RR C

Vladimir Putin – 7.10.1952 – 09:30 MSK – St. Petersburg – Russia (59N55 – 30E15) – RR C

Wetten, dass..? (S. 157)

Erstausstrahlung – 14.02.1981 MET – Düsseldorf, Germany (51N12 – 6E47) – RR AA
Frank Elstner – 19.04.1942 – 17:00 MEDT – Linz, Austria (48N18 – 14E18) – RR A
Markus Lanz – 16.03.1969 – 07:33 MET – Bruneck, Italy (46N48 – 11E56) – RR AA
Thomas Gottschalk – 18.05.1950 – 17:00 MET – Bamberg, Germany (49N53 – 10E53) – RR C

3 TV-Sender (S. 122, 161, 165)

Phoenix TV – 07.04.1997 – 06:00 UT – Bonn, Germany (50N44 – 7E05) – RR AA
mtv – 01.08.1981 – 00:01 EDT – New York, New York (40N42 – 74W00) – RR AA
3Sat – 01.12.1984 – 18:00 MET – Mainz, Germany (50N01 – 8E16) – RR AA

Die Komponenten des astrologischen Systems

Tierkreis

♈	Widder	Der Aufbruch
♉	Stier	Die Absicherung
♊	Zwillinge	Die Beweglichkeit
♋	Krebs	Die Empfindung
♌	Löwe	Der Selbstausdruck
♍	Jungfrau	Die Wachsamkeit
♎	Waage	Die Begegnung
♏	Skorpion	Die Bindung
♐	Schütze	Die Ausdehnung
♑	Steinbock	Die Strukturierung
♒	Wassermann	Die Erneuerung
♓	Fische	Die Auflösung

Faktoren (Achsen, Sonne, Mond, Planeten)

AC	Aszendent	Das Auftreten im Raum
MC	Meridian	Ziele und Lebensrichtung
☉	Sonne	Wesenskern und Lebenskraft
☽	Mond	Gefühle und Stimmungen
☿	Merkur	Wendigkeit und Bewegung
♀	Venus	Charme und Harmonisierung
♂	Mars	Tatkraft und Energie
♃	Jupiter	Expansion und Fülle
♄	Saturn	Konzentration und Ordnung
⛢	Uranus	Originalität und Mutation
♆	Neptun	Inspiration und Visionen
♇	Pluto	Modelle und Leitbilder
☊	Mondknoten	Kontakte

Aspekte

☌	Konjunktion	0°	Vereinigung
☍	Opposition	180°	Gegenüberstellung
□	Quadrat	90°	Anspannung
△	Trigon	120°	Stabilität
✱	Sextil	60°	Anregung
∠	Oktil	45°	Bruch
⚼	Trioktil	135°	Ausbruch
⚺	Halbsextil	30°	Differenz
⚻	Quinkunx	150°	Umbruch

Häuserkreis

1. Haus	Persönlichkeit
2. Haus	Besitz
3. Haus	Funktionalität
4. Haus	Herkunft
5. Haus	Erlebniswelten
6. Haus	Wahrnehmung
7. Haus	Außenwelt
8. Haus	Fixierung
9. Haus	Weitblick
10. Haus	Berufung
11. Haus	Ideenwelten
12. Haus	Hintergründiges

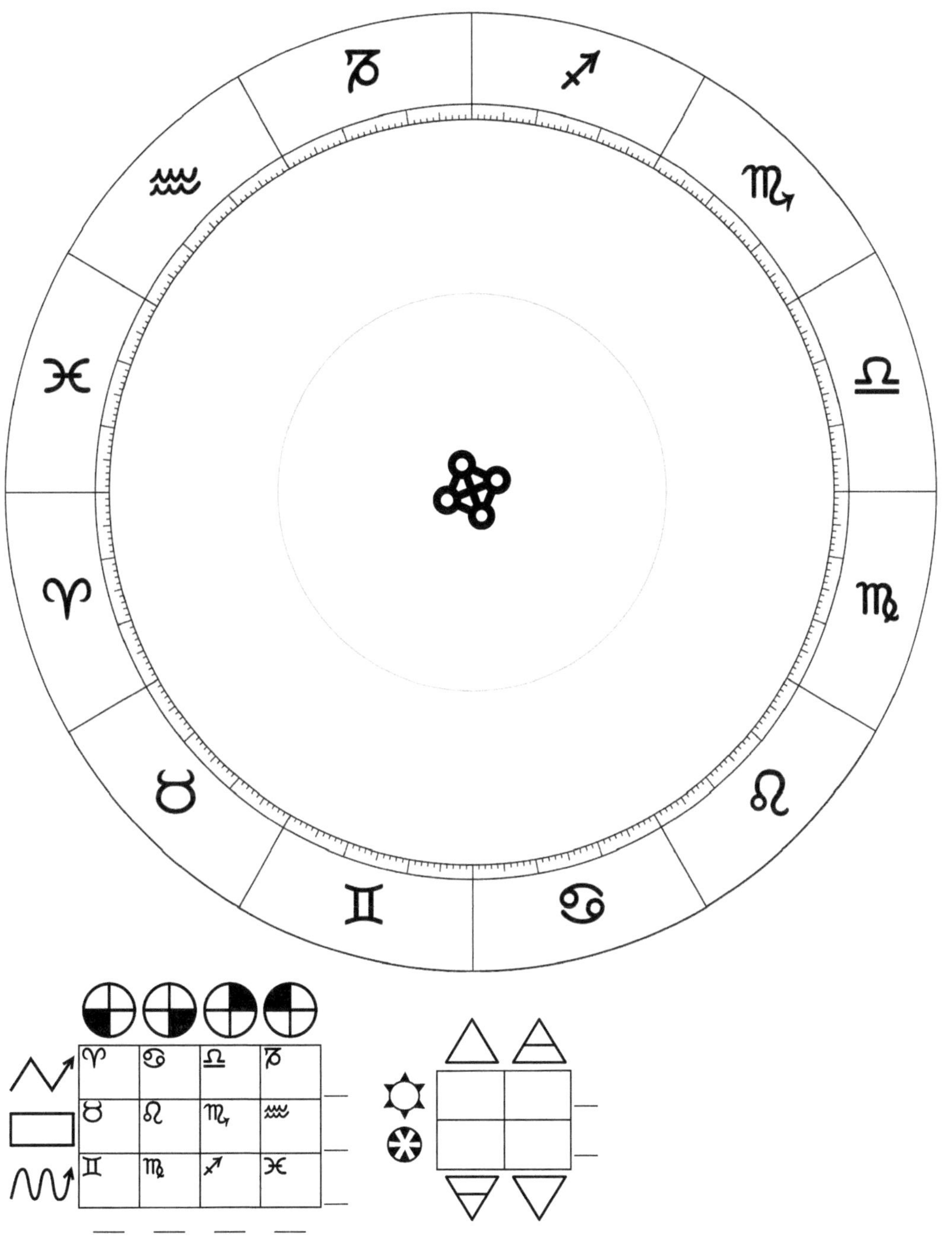

Christof Niederwieser

PROGNOSTIK 01: Zukunftsvisionen

204 Seiten
34 Abbildungen und Tabellen

ISBN 9-783738-628456

BoD – Books On Demand
Norderstedt 2015

Der Blick in die Zukunft hat eine lange Geschichte. Orakelpriester, Propheten und Visionäre prägten mit ihren Vorhersagen die Geschicke ganzer Völker und Kulturen. Und auch heute sind Wettervorhersagen, Konjunkturprognosen, Börsenzyklen und Megatrends allgegenwärtig.

Der erste Band der PROGNOSTIK-Reihe stellt jene Arten der Zukunftsschau vor, die auf Intuition und Inspiration gründen: Trance und Besessenheit, Wahrträume, Präkognition, religiöse Zukunftsmythen, Utopien, Gesellschaftsvisionen und Science Fiction bis hin zu den qualitativen Methoden der aktuellen Trend- und Zukunftsforschung. Und nicht selten findet sich Modernes in den magischen Methoden und Magisches in den Modellen unserer Zeit.

Infos & Leseproben:
www.prognostik.com

Christof Niederwieser

PROGNOSTIK 02: Zeichendeutung

352 Seiten
70 Abbildungen und Tabellen

ISBN 978-3-9464-9506-2

ZUKUNFTSVERLAG
Trossingen 2016

Der Blick in die Zukunft hat eine lange Geschichte. Orakelpriester, Propheten und Visionäre prägten mit ihren Vorhersagen die Geschicke ganzer Völker und Kulturen. Und auch heute sind Wettervorhersagen, Konjunkturprognosen, Börsenzyklen und Megatrends allgegenwärtig.

Der zweite Band „Zeichendeutung" stellt jene Arten der Prognostik vor, die aus den Signaturen der Erscheinungswelt die Zukunft lesen: Omen und Orakel in Afrika, Leberschau in Babylon, die römischen Auspizien, Physiognomik und Typenlehren in Indien oder I-Ging in China bis hin zu den Wahlprognosen, Wirtschafts- und Börsenanalysen, Gentests, NLP Patterns und Big Data Forecastings von heute. Und nicht selten findet sich Modernes in den magischen Methoden und Magisches in den Modellen unserer Zeit.

Infos & Leseproben:
www.prognostik.com

Christof Niederwieser

ÜBER DIE MAGISCHEN PRAKTIKEN DES MANAGEMENTS

Schriftenreihe
ORGANISATION & PERSONAL
Herausgegeben von Oswald Neuberger

183 Seiten
50 Abbildungen und Tabellen

ISBN 3-87988-638-5

Rainer Hampp Verlag
München und Mering 2002

Den wahren Charakter von Menschen anhand einfacher Schablonen zu analysieren und daraus die Eignung als Mitarbeiter abzuleiten, das ist erklärtes Ziel der Management-Diagnostik. Dabei beruft man sich gerne auf neueste Erkenntnisse der Wissenschaft.

Über die magischen Praktiken des Managements blickt hinter die Fassade der Fortschrittlichkeit moderner Managementforschung. Auf einer Reise in die magischen Denkwelten unserer Vorfahren werden historische Persönlichkeitsmodelle und Verhaltenstypologien mit den Methoden der aktuellen Betriebswirtschaftslehre verglichen. Vielgelehrte Theorien wie die Managertypen von Maccoby, die Menschenbilder von Schein oder die Führungsstile im 3D-Modell von Reddin weisen dabei erstaunliche Parallelen auf.

Infos & Leseproben:
www.magie-management.com

STUDIUM WIRTSCHAFTSASTROLOGIE

- Das innovative AstroMANAGEMENT System der Horoskopdeutung im spannenden Online-Seminar
- Spezial-Seminare für Strategie, Personal, Branding und Kommunikation
- Mit zahlreichen Praxisbeispielen für alle von Einsteiger bis Profi

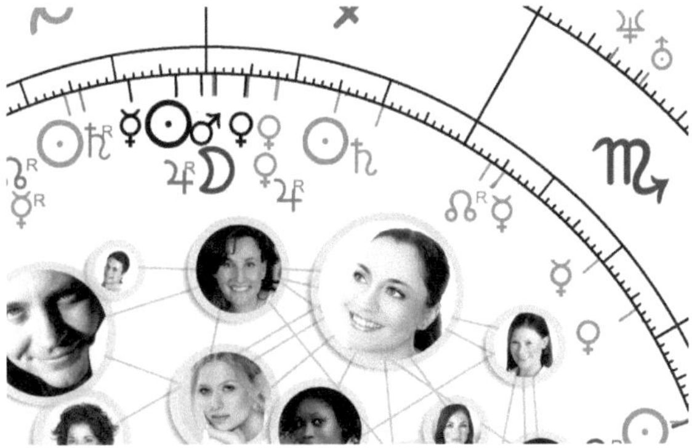

VORTRÄGE & SEMINARE

- Regelmäßige Vorträge und Seminare über neue Wege der Astrologie im gesamten deutschen Sprachraum
- Online-Seminare zum Gruppenhoroskop und anderen Spezialtechniken
- Vorträge über Zukunftsthemen

www.astro-management.com/termine

YOUTUBE KANAL

- Videoaufnahmen von Vorträgen und Seminaren
- Mundan/Wirtschaftsastrologie und neue Deutungstechniken
- Prognostik und Zukunftsforschung

www.youtube.com/user/astromanagement

mehr Infos:

www.astro-management.com

von Dr. Christof Niederwieser

AstroSTRATEGIE
Von der Vision zur Planung
Unternehmensstrategie mit Zukunft

AstroBRANDING
Markenevolution und Markenemotion
mit astrologischen Archetypen

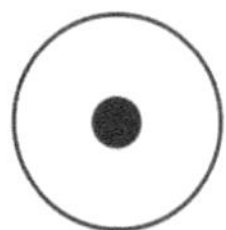

AstroPERSONAL
Die Stärken von Mitarbeitern
im Horoskop erkennen und fördern

AstroKOMMUNIKATION
Kooperation – Verhandlung – Verkauf
nach astrologischen Verhaltensmustern

AstroCOACHING
Beruf – Karriere – Selbständigkeit
Ihre Talente voll verwirklichen!

mehr Infos:

www.astro-management.com